役者ほど素敵な商売はない

市村正親

新潮社

役者ほど素敵な商売はない　目次

第3章　素敵な演劇人と出会えて

第4章 役者・市村正親はこう作られる

第5章　僕はこんな舞台に立ってきた

まえがき

今日もマグマヨガとトレーニングで汗をかき、ウォーミングアップを一通り終えて、やや早めの劇場入り。自分の楽屋でメイクを始めながら、ゆっくりと、役に入っていく。

僕の楽屋には、たくさんの写真が飾ってある。開演前の僕をいつも温かな笑顔で見守ってくれているのは、妻や息子たちとのスナップ、父と母のツーショット写真、尊敬する島田正吾先生、山田五十鈴先生と一緒に撮った写真も並べてね。本番前に、この大切な人たちから力をもらいながら、今日も舞台に立つ。

劇場というところは、僕のような役者、舞台に立つ人以外にも、大勢の人が働いている。光で舞台を輝かせる照明さん、劇伴音楽をかけたり、効果音を出してくれる音響さん、美しい衣装を作ったり、素晴らしい舞台装置を作ってくれる美術のスタッフさん。

それらを操作する裏方さん。さらにお客さんを座席に案内してくれるホタル嬢の方々や、チラシを配ったり、チケットの半券をもぎる係の人もいる。

劇場って一つの社会みたいだな、といつも思う。観る方も本当に様々な人たちが集まってくる。しかも、誰もが楽しい気持ちを胸に抱きながら。

さて、メイクとカツラの準備を終え、衣装を身にまとったら、準備はバッチリだ。開場時間も過ぎ、観客席からは高揚感が入り混じったお客様たちのざわめきが聞こえてくる。ほどよく高まっていく緊張感を味わいながら、僕は舞台に立つ。

それにしても、僕は一体何人分の人生を生きてきたんだろう。

これまでに出演した演目を数えただけでも、１００作品を越えてしまう。演じた役柄も、きっととんでもない数になるんだろうな。

いろいろな人の激しい人生を生きてみたいと思ったのが、この役者という職業に就いたきっかけだったけれど、よくまあ、ここまでたくさんの人生を生き抜いてきたもんだ。

そんな僕自身の人生だって山あり谷あり、なかなかの激しさだったんじゃないかなとも思うけどね。

だけど、この旅はまだまだ終わりじゃない。

古希を迎えた。間もなく71歳になる。この長い旅を、振り返ってみようと思う。

２０１９年12月　日生劇場の楽屋で　市村正親

役者ほど素敵な商売はない

第1章　演技とは、役を生きること

『屋根の上のヴァイオリン弾き』（写真提供／東宝演劇部）

『リチャード三世』（写真提供／ホリプロ）

泣けるファントム、泣けないファントム

例えば『キャッツ』にしても、『オペラ座の怪人』にしても、そして『ミス・サイゴン』にしても、ロンドンで舞台を見ると、意外とさっぱりした印象になっているものが多いんです。あまり、くどくどしていない。「やってます！」感がないというか。逆に、何でもかんでもお祭り騒ぎなのがニューヨーク。ここは誰もが「俺、やってるぜ！」ってアピールしてくるようなイメージがある。それと比べると、日本は武道だとか、茶道だとか、華道だとか、〝道〟を尊重する国だからか、またちょっと違うんだよね。

僕は文楽も大好きなんだけれど、文楽の人形の芝居を見ていると、人間の演技では表現出来ない、役そのものの本質が見えてくる瞬間が頻繁にある。同じ演目でも歌舞伎でやると、それを〝傾《かぶ》く〟わけだから、はったりを利かせたりもしていて、それはそれで

面白いものの、印象がかなり違う。文楽だと、ごく静かなちょっとした動きだけでも役そのものが滲み出てくるんだ。それに文楽の人形には生身の役者のような欲や我は見えてこない。〝インサイド〟、つまり役の内面だけが見えてくる。

加えて、日本には能という世界もあって、これもまた限りなくインサイドが重視される表現方法を持っている。このインサイドの概念があるかどうかで、表現の仕方というのは違ってくる気がするんですよ。

僕が内面を強く意識して演じた役というと、『炎の人』のヴィンセント・ヴァン・ゴッホ。この時は明らかにミュージカルでの表現とも、シェイクスピア作品での表現とも、またテレビや映画での表現ともまったく違う演じ方をしていたと思う。そこには素の表現者ではなく、ゴッホの心を持った人間が舞台上に存在する。そこにリアルにゴッホがいる。表現ではなく、ゴッホの魂を持った役者がいる。ありきたりな言葉かもしれないけれど、役を〝生きる〟ということなんだと思う。

それはまさにタイトル通りの、黒澤映画をミュージカル化した『生きる』の時も同じだった。この物語の主人公は胃がんであることが分かって、限りある人生をどう生きるのか苦悩するわけだけれど、それだけにその苦しみをどう表現するのかが重要になる。僕がとった方法は、表現しないという表現だった。ミュージカル作品だったから、当然歌とダンスがあり、音の寸法に合わせて決まった距離を移動しなければならない演出はあったものの、市役所で市民課長を務める渡辺勘治という人そのものだ。これって、とっても難しいんですよ、役者にとっては当たり前でもあるんだけどね。

もう30年以上も前の話になるけれど、僕が劇団四季で『オペラ座の怪人』の稽古をやっていた時、海外スタッフが通し稽古の最中にぽろぽろ泣いていたことがあった。彼らがストーリーを熟知しているのは当然だとしても、日本語のセリフや歌の意味までは伝わらないはずなのに。正直、驚いたよ。

『オペラ座の怪人』のディレクター、ハロルド・プリンスの演出を初めて受けてみて感じたのは、ミュージカルではあっても、歌い方がどうこうではなく、声がどれだけ出るかどうかでもなく、結局は芝居なんだということだった。イギリスの女優、ジュディ・デンチの「センド・イン・ザ・クラウンズ」（『リトル・ナイト・ミュージック』の名曲）を聞いてみてよ！

終盤、クリスティーヌがファントムにキスをする場面がまさにそう。ファントムはクリスティーヌを抱こうとするけど抱けず、手だけ震えながら「行け、ここのことは何も話すな」と口にする……。その醜い顔のために母からもキスされたことがなく、まさにマスクに隠れて生きてきたファントムが、ここで「クリスティーヌ、アイラブユー」と言う瞬間は、もはやセリフがどうとか、歌い方がどうこうではないの。もう、その時のファントムでないと分からないと思う。その時でないと！　それが舞台だよね。ここでお客さんは堪らず泣いてしまうらしい。僕には分からないけど。

僕が主人公ジョン・メリックを演じた『エレファントマン』にもこんな場面がある。最後にケンドール夫人とお別れをするところで、夫人が右手を出した時、メリックはまだきれいなほうの左手を出すと彼女は手を引っ込めるんだ。「ジェントルマンなら右手を出しなさい」と。メリックとしては自分のこの汚いゾウのような右手を？　と戸惑いながらも半信半疑で差し出すと、ケンドール夫人がスッとその右手を取ってくれる。そこでメリックが「お目にかかれて大変嬉しゅうございます」と挨拶する。夫人は「私もよ」と返す。僕はこの舞台をブロードウェイで何回も見たんだけど、もうね、そんな二人の姿を見るだけで何度となく泣けてきた。その時に触れた皮膚と皮膚との感触、相手の手の温かさ、生まれて初めて自分の手を女性が触ってくれた、というメリックの想い。

それはファントムも一緒で、生まれて初めて人を愛して、そこで生まれて初めて己を知ったんだ。その瞬間に魂の底から「愛してる」という言葉を発するわけだからね。

だけど外国人の俳優がそれを表現する時は、どうにもさっぱりし過ぎているように僕は感じてしまう。自分がファントムを演じる時は、毎回どうしても内面を出したいというか、声にならない想いをどうにかして伝えたくなる。だからこそ、いまだにみんな言ってくれるんじゃないかな、「イッちゃんのファントムは泣ける」って。人が言うんだよ、俺じゃないよ。

つまり歌はテクニックではないんだよ。自分自身がファントムになり、自分の目の前にいるクリスティーヌに向けて、「クリスティーヌ、アイラブユー」って本心を告げる。そうすれば、たとえ声がかすれても、裏返っても、気持ちはお客さんにも伝わる。そんな姿に外国人スタッフたちもぽろぽろと泣いていたんだろうなと思う。

また逆に言うとね、日本人の観客というのは、生まれながらに心情を見る目を持っている。だからこそ、やる側はそこをしっかりつかまえてないといけないと思うんですよ。

自分が役に近づいていっているという感覚は常にある

僕は歌舞伎が好きだから、〝持ち役〟ということをよく考える。

例えば、先代の市川猿之助（現・猿翁）さんの『黒塚』なんて、もう何度踊ったか分からないくらいの回数をやっているはずだけど、僕に言わせれば、舞台で踊っていた姿はもはや歌舞伎役者としての猿之助さんではなかったからね。静の部分から、ぐわーっと本性を現わす瞬間。あれこそ役そのものであって、猿之助さんはもうどこにもいなかった。その役と演じる役者が一心同体の、まさに〝持ち役〟。でも彼の心の中では毎回いろんな葛藤があったんだろうね。

先代の中村雀右衛門さんが演じた『葛の葉』も大好きな芝居だ。何回も何回もやってきている演目だから、舞台上にいるのは雀右衛門さんではなく葛の葉狐そのものだった。

そして、出会った頃から偉大な俳優さんだと思っていた、先代の中村勘九郎さん。つまり十八代中村勘三郎さんも本当に芝居が好きだったよね。『め組の喧嘩』の辰五郎なんて、ほれぼれする。勘三郎さんにはもっともっと長く生きていてほしかったなあ。そうしたらさらにいろいろな演目、いろいろな持ち役が新しい彼のスタイルで生き返っただろうにね。

僕にとっての持ち役というと、『スクルージ』のスクルージ、『屋根の上のヴァイオリン弾き』のテヴィエ、『ラ・カージュ・オ・フォール』のザザ、『ミス・サイゴン』のエンジニア。さらに『モーツァルト！』のお父さんに、『生きる』の渡辺勘治、『スウィーニー・トッド』のトッドだってそうだよね。思いつくままに7つ挙げてみたけれど、自分の持ち役がいくつもあるという役者はなかなかいないはずだよ。役者冥利に尽きるとはこのこと。

もちろん、歌舞伎役者にも持ち役を持ってる人、持ってない人がいるんじゃないかと思う。家の芸を継ぐというのは大変だと思うけど、幸せでもあるよね。登る山が目前にあるのだから。

『屋根の上のヴァイオリン弾き』で僕は、森繁久彌さんが演じたテヴィエも、西やんこと西田敏行さんや上條恒彦さんのテヴィエともまるっきり違う、僕なりのテヴィエを作ってきて、上演を重ねるごとにだんだん自分自身がテヴィエ本人になってきちゃったみたいなところがある。鹿賀丈史とゲイの夫婦役をやった『ラ・カージュ・オ・フォール』でも、女装した僕がナイトクラブの看板スターをどう演じるのか、試行錯誤しながら、前の近藤正臣さんとはまたひと味違うザザを作り上げたつもりです。

歌舞伎のように白塗り出来ない分、僕らの世界で長く持ち役を続けるのは年齢との闘いでもある。そういう意味では、40代のスクルージと、50代、60代、70代で演じるスクルージはそれぞれ明らかに違ってくるわけなので、いつかは心もメイクもスッピンでスクルージを演じてみてもいいな、と思うね。

そんな風に、自分が役に近づいていっているという感覚は演技の〝正道〟を歩んでいるからこそ。

『ミス・サイゴン』のエンジニアなんて、僕が40代前半で出会った役だけど、エンジニアには特に決まった年齢設定はないんだよ。だから20歳でやったっていいし、逆に50歳でも60歳でもいい。

世間的には、市村は古希を迎えてもう70代だと知られているわけだから、「でも、本当に70代なの？」って若く見られたいという気持ちもあるにはある。だけど、幕が上がってしまったらそこにいるのはエンジニアを演じている市村ではなくて、市村自身がエンジニアそのものだと思ってもらいたいんだよね。

干されると役者と魚と大根はうまくなるっていうじゃない

若いうちはどうしても、昨日うまく出来たからまた同じように今日も……、昨日はここでウケたから今日も……、ここでお客さんをもう少しいじって笑いを取りたい……、もっと表現方法を変えていいところを見せたい……とか思うもの。僕ら役者は〝見せたい〟〝笑わせたい〟〝感じさせたい〟と、常に欲だらけの生きものなんですよ。

でも、この欲が多過ぎるのもダメなんだ。つまり自分の欲を満たすだけじゃなく、あくまでも役を演じていなければいけないと、僕はいつも思っている。

欲で自分が痛い目に遭って、演出家からダメ出しされて、たまに干されたりね。干されると役者と魚と大根はうまくなるっていうじゃない。まあ、そんなこと言ってるのは、僕だけか。


歌舞伎では、泣くんだって笑うんだって、決まった型で見せるでしょう。最初は型だけでも、経験を積んでうまくなってくると、その中にリアリティーが入ってくる。若いうちは型でしかないものが、だんだんと型と技と役が一緒になってきて、女の子のお下げ髪みたいによじれて編まれて、ひとつのものになっていく。それが出来るようになると、片岡仁左衛門さんみたいなすごくいい芝居が出来るんですよね。技はあるし、型もあるし、華があって、心があって、それらがよじれていくことで、役そのものとして見えてくるんだ。

これがね、きっとゴルフでも一緒なんだよ。プロの人だって突然、ロングならともかく短い距離でもヘンなとこに打ってOBしちゃったりするじゃない？　プロなら、ど真ん中に打てそうな気がするのに。それもね、俳優と一緒でやっぱり欲なんですよ。欲が失敗させる。とはいえ、逆にまったく欲がなくてもダメなんだ。役者もゴルフも、三日やったら辞められないよ。

ゴルフをやっていると、インドアでレッスンしている分にはうまくいっていたのに、コースに出ると景色に騙されてしまうことがある。距離もそうだし、右に川が流れていたり、左に池があったり、そういう見た目にいちいち惑わされてしまう。そのせいでレッスンの時のようにクラブが振れないいんだね。

俳優にとっての劇場も同じで、スタジオで稽古をずっとしていてうまくいっていたとしても、いざ本番の舞台に立つと勝手が違ってくるし、いよいよお客さんが入っての本番になり、最前列にキレイな人でもいようものなら！　もう意識しちゃうわけよ、若い頃は。やっぱり欲には気をつけないとね。

自分でも時々やっていることだけれど、劇場の2階席や3階席、最後列の端っこの席に行って、ステージを見てみる。そこに座るお客さんの気持ちになって、そこにいる人にセリフや歌を届ける気持ちでやらなくちゃいけない、と思うから。あくまでも、最前列のカワイイ子のためだけにやるのではなくてね。あの一番後ろの人に届くように、でもそれは決してオーバーな芝居をするということじゃない。ちゃんとしっかり生きている芝居をやる、ということ。

今も旅公演や海外公演に出た時は特に、客席の一番後ろまで行って、舞台上で準備中のスタッフの話し声を聞いてみたり、こっち側から「おはよ！」って声をかけたり、どの程度聞こえるかを、自分の耳でチェックしたりしているんだよ。

僕にもファンがいたんだ

２０１４年、『ミス・サイゴン』に出演している最中に胃がんであることが分かって、また演劇の神様が僕に新たな試練を与えてきたな、と思ったね。そしてこの時、改めて気づいたこともたくさんあった。

一番ビックリしたのは、僕にもファンがいたんだってこと。冗談でなく。

仕方なくエンジニア役を降板してしまったわけなんだけれど、知らないうちに劇場側が「市村さんに宛てて応援メッセージを書こう」というコーナーを作って、ハガキ大のメッセージカードも用意してくれて。それまで僕は、自分にはそれほどファンはついていないと思っていたんだよ、だって、いつも楽屋口に僕のファンは一人か二人並んでいただけだったからさ。井上芳雄とか山崎育三郎とか古川雄大とか山口祐一郎とか、彼らには出待ちのファンが何百人っているじゃない。僕のファンもたまにはいるけど、大概は出待ちはせずに、客席で舞台を見てそのまま帰るんだろうなって思っていた。だけど、その時のメッセージカードが送られてきたら、とんでもない枚数だった。カードを重ねて積み上げたら、自分の身長を軽く超えるくらいはあった。

治療中にカードは全部読ませていただきました。病気になって降板して、一番のご褒美がこれだったんじゃないかな。こんなに大勢の方々が「市村さん頑張れ」「市村さんのお芝居をまた見たい」「市村さんのエンジニアを待ってます」「今回はゆっくり休んでください」って書いてくれていて、ものすごい励みになった。この時改めて、俳優・市村正親を好きで劇場に足を運んでくれているお客さんがこんなにたくさんいてくれたんだ、とハッキリ形として意識することが出来たわけです。

最近でも、自転車に乗って街を走っている時や、地下鉄に乗っている時、自宅の近所を歩いている時でも、いろいろな人から「あ、お身体はもう大丈夫ですか」って声をかけられる。「大丈夫ですよ」って答えると「今度、また劇場に見に行きますので頑張ってください」って。そんなことがあるたびに、有難いものだなあってしみじみ思っていますよ。

ちなみに「お客様は大事にしなさい」というのは、妻がお父さんから言われた言葉だったんだけどね。「お客様には笑顔で返しなさい」と。

芝居をやっていても、僕は他の役者へ向けてのダメ出しを自分のことのように聞く習慣があるので、そうやってお父さんが妻に言ったその言葉もまた、僕へのダメ出しとして心に残してあるんだ。だから、お客さんに声をかけられたりしてもなるべくは、まあ、馴れ馴れしくない程度に、しっかり対応したいと気をつけているつもりです。

だけど、笑福亭鶴瓶さんとか明石家さんまさんとご一緒している時、彼らのファンへの受け答えを見ていると、本当に丁寧で驚くばかりだよ。あれもまた、僕がまだまだ学ばなくちゃいけないところだなと思っています。

「私の目だけ見ていてね」

突き詰めて考えると、役者なんて〝ナントカごっこ〟だとも言えますよね。

僕が子どもの頃は、どんな男の子も「俺が猿飛佐助だ」「俺が霧隠才蔵だ」って叫びながら、ヒーローになりきって遊んでた。月光仮面になったり、少年ジェットになったり、七色仮面になったり……って、ヒーローの名前で時代が分かるよね。決して、ウルトラマン、仮面ライダーじゃないの。あとは、まぼろし探偵とか快傑ハリマオとか、宇津井健さんのスーパージャイアンツとか。まあ、子どもなりに一人前の役者気取りで演じてたんだろうね。

そういう〝ごっこ遊び〟で友だちと遊んでいても、夕方4時か5時くらいになると、それぞれ「ご飯ですよ～」ってお母さんに呼ばれて、みんな帰っちゃうんだ。父も母も仕事をしていたので、僕はそこから、いつも一人で何をしようかと考えていた。

ある日は循環バスに乗って車窓から街の風景をずっと眺めていたり、ある日は割烹料理屋さんの肉うどんを食べながらテレビを見ていたり、ある日は近くの映画館で映画を見せてもらったり。近所には自転車屋があって、洋服屋があって、ラジオ屋さんがあって、美容院、八百屋、肉屋、飲み屋、割烹、お菓子屋……たかだか半径100メートルぐらいにたくさんのお店があり、さまざまな職業の人がいつも自分のすぐ近くにいた。その大人たちをじっと見ているだけで、何だか楽しかった記憶がある。

おまけに母親がやっていた居酒屋にも、いろいろな仕事の人がお客さんとして来ていたからね。僕はよくお手伝いをする子どもで、近所のお店におつかいにもよく行っていた。豆腐買ってきておくれと言われれば豆腐屋に行き、その斜め前が八百屋だからそこでネギを買い……。おかげで、職業によって、その人が醸し出す雰囲気が違うことを、幼い頃から知ることが出来た。そうやって無意識にしていた人間観察が、のちのち芝居でも役に立ったような気がする。

自分の役作りの基本には、この〝見る〟という行為があるのは間違いない。どんな職業の人間を演じるにせよ、リアルな仕草や雰囲気は重要だから。


これが〝見られる〟立場になると、話がややこしくなってくる。

芝居の稽古をしていて、なかなかうまくいかない時、なぜなんだろうと考えるわけじゃないですか。劇団四季に居た頃、そんな時は稽古が終わったあと、誰もいなくなった稽古場でよく居残り稽古をしていた。どうしてかというと、稽古中はまわりに大勢人がいるから、多かれ少なかれ、どうしても自意識が生まれてしまうでしょう。人に見られていると失敗したくないとか、ついつい思ってしまうからね。そうなると役を演じることだけに集中出来ずに、意識が散漫気味になっちゃうんだよ。一人で居残り稽古ならば、それを気にせず芝居に集中出来ると考えたんだな。

『青い鳥』の時、初めてコンタクトをつけて稽古に出てみたら、あまりに周囲がハッキリ見えるからびっくり。なんとみんな自分を見ている。当たり前だけど。ショックを受けてしまった。自意識過剰にもほどがあるけど、その時は本当に慌てちゃったよ。そんな自意識なんか出したって何の得もないんだと思えるまでは、時間がかかったね。

自意識は、一度持ってしまうとなかなか取れないものなんだ。でも、どこかで取れたんだろうね、それがどのきっかけだったかは覚えていないけど。演技の中で相手役に意識を集中するようになった頃かな。

『人間になりたがった猫』で、子ども向けのミュージカルだけど初めてタイトルロール（作品の題名になっている役柄）をやらせてもらって、主演という自覚も生まれたのか、その頃から少しずつ変わっていった気がする。『ひばり』という芝居では、劇団の母と呼ばれた女優さんが相手役で、「大丈夫よ、イッちゃん。私の目だけ見てりゃいいんだから」って言われたことも大きかった。そうか、相手の目をしっかり見ればいいんだと。

そうやってまわりの目があまり気にならなくなって、少し自意識が取れ始めた頃から、いい役がどんどん来るようになった気がする。『コーラスライン』『かもめ』『エレファントマン』『エビータ』『アプローズ』『ユリディス』『アンデルセン物語』……。前よりも相手役を〝見る〟に集中することで、役者として一皮むけたんだろうね。

芝居はすべて〝見る〟ことから始まっていると思う。役者は、目と目でものが言える、目と目で支え合える。やっぱり〝見る〟ことは、とても大切なんだよね。

打倒！ 歌舞伎役者

僕は、普段から常にいろんな芝居でいろんな役を同時並行で進めていく性格なので、よく役者仲間から〝役者バカ〟なんて言われる。

ミュージカル『モーツァルト！』の本番をやっている最中でも、次の映像作品のアフレコの資料を読み込んだり、『集団左遷!!』というドラマの撮影をしながら、その間も『ドライビング・ミス・デイジー』という舞台の稽古をし、ちょっとした隙を縫って『ドクターX』というドラマのためにポルトガル語の勉強をしている。とにかく好きなんだ。どんなに仕事が重なっても、絶対に手が抜けない。

たった一つの仕事に集中して、他の仕事は受けないという役者さんもいるでしょう。でも、僕は時間と体力が許す限り、たくさんの仕事を受けたいと思っている。なぜ、たくさんの仕事を受けることにこだわり、同時並行でやりとげることが出来るのか。それはきっと、若い頃に仕事がなかったからだと思う。

劇団四季に入る前、まだ西村晃さんの付き人をやっていた時は、一言か二言くらいのセリフしかない役ばかりだった。だから、仕事がなくなることへの不安もあって、どんな端役のオファーでも積極的に受けていたよ。次に結びつけたいから、すべて一生懸命だった。とにかく、当時から貪欲に、〝役〟に飢えていた。

それに、僕はセリフを覚えるのが本当に好きなんだ。

芝居でも映像でも、仕事が入るとどんどんセリフを覚えていく。あまりにも覚えることが好きすぎて、最終ページまでいって覚え終わるのがさみしくなるくらい。台本を開いたり閉じたりするのも好きでね。それで芝居の本番が始まると、もう次の作品のセリフを覚えたくなっちゃう。だから『モーツァルト！』の本番をやりながらも、『NINAGAWA・マクベス』のセリフを覚え直してニューヨーク公演に行き、それを終えて戻ってきたらまた『モーツァルト！』の舞台に立つということも、好きだからやれてしまう。

セリフはただの文字じゃなく、情感も演技も含めて身体で覚えているから、舞台の再演のお話をいただいても、割と短期間で役を仕上げる自信があるよ。でもちゃんと、稽古に入る前から自主練習はしてるけど。

よくよく考えてみたら、藤山寛美さんはお客様のリクエストを聞いてから、その場でお芝居の演目を決めていたからね。落語の噺家さんだってそうでしょ。前の出番の人の演目を知ってから、その日どの噺をするか決めたりする。そういうことを聞くと、自分にも出来るんじゃないかって思っちゃう。

歌舞伎役者だって、きっと同じだよ。僕は常日頃から「打倒！　歌舞伎役者」を公言しているんです。だって歌舞伎役者はもう毎月、毎月、舞台に立っている。僕なんかせいぜい半年くらいかな……。負けられません！　とそんな気持ちで頑張ってます。

「飽きる」なんて言葉は、僕の辞書にはない

西村晃さんの付き人をしていた3年間と劇団四季に在籍していた17年間、これを合わせるとちょうど20年になるんだよね。その期間を経たことによって、僕は成人式を迎え、独り立ち出来た気がしている。

こうして振り返ると、その20年という時間でしっかりした土台を作れたからこそ、100作品以上の芝居に携われたんだと思う。きっと付き人時代の3年だけでもダメだっただろうし、劇団四季の17年間だけでもまだ何かが足りなかった。20年の蓄積があったからこそ、役者としての〝成人式〟を迎えられたんだろうな。

でもさ、ということは、僕は四季に入団して2年、つまり5歳で『ウエストサイド物語』を踊らされていたってことか。なんだか、ませた子だねえ。11歳で『エレファント

マン』をやり、19歳で『オペラ座の怪人』をやったんだと、そう考えていくと面白いね。そして成人式を迎えて社会に出たら、23歳にして、『ミス・サイゴン』でポン引き役！　いきなりポン引きか！　なかなか、いいじゃないですか。

その『ミス・サイゴン』は504日間、745ステージというロングランだったから、そんなに長い間、同じ役を演じていて飽きないの？　なんてよく言われたけど、何度再演したとしても、まったく飽きるなんてことはないね。

『ミス・サイゴン』の場合は、物語的には3年間の旅が出来る。北ベトナムで捕虜になった男が、そこから脱出してアメリカに行くまでの3年にわたる人生の旅を、僕は舞台の上で生きることが出来たわけだ。これが『ドライビング・ミス・デイジー』になると、デイジーとホークの25年間にわたる絆の旅。デイジー役の草笛光子さんとは『ラ・カージュ・オ・フォール』以来、25年ぶりの共演だった。『生きる』であれば、主人公が胃がんと宣告されてから亡くなるまで、たった5カ月だけれど、念願の公園を作るまでの旅のお話。

僕はいつも自分が出ているお芝居の中で、旅をしている感覚がある。役を演じている間は、それは毎回初めて起きる新鮮な体験でもあるので、飽きるはずがないんだよ。

ミュージカルとさよなら!?

自分の胃がんの話をしたけれど、ここまで来たらもう、この身にいつ何が起きるか分からないじゃない。

声だって、以前、頸動脈狭窄症の手術を受けたあと、発声をしたらソの音から上が出なくなってしまったんだ。どうあがいたって出ない。四季の頃から僕が〝音楽の天使〟と呼んでいた方に相談したが、もはや天使でも無理だった。セリフの声は出るが、音程が出ない。「いよいよミュージカルにさよならか」と思った。「待て、『ミス・サイゴン』はどうするんだ。3カ月後に本番だぜ!」。恐々《こわごわ》サイゴンの音楽監督、ビリー先生（山口琇也さん）に相談したら、なんとビリー先生の力で徐々に出てきた。その魔法とは、英語的発声をしていくうちに新たなノドの筋肉を鍛えるという方法だったんだ。ビリー先生のおかげでミュージカルとさよならせずに済んだよ。

最近は若い頃のように飛んだり跳ねたりは出来なくなり、実にさみしい。でもまあ、もはや飛んだり跳ねたりする役はやらなくてもいいだろうとは思うけどさ。軽くステップを踏むくらいの役なら、まだやりたいなあ。

でも正直、『コーラスライン』とか『ウエストサイド物語』とかの音を聴くと身体がうずうずしてくるんだ。そう考えると、『コーラスライン』ならザック、つまり演出家の役なら出来るかなとか、さすがに『キャッツ』はもうやることはないだろうけど、もしやるなら長老猫のオールドデュトロノミーなら出来そうだとか、ふと思ったりする。

膝は膝で『NINAGAWA・マクベス』の舞台稽古中に半月板を傷めて千秋楽と同時に手術をしたし、『ミス・サイゴン』のシングルキャストで旅公演中、稽古中に前十字靭帯断裂をやっちゃったけど、その時はトレーナーが来てくれて、ケアしながら乗り切った。しかし、もう正座が出来ない。肩だって、長年使っていることと加齢からくるもので、変な角度で上げると痛いしさ。年齢から考えたら、目の白内障だって、いつなってもおかしくない。今のところまだ平気だけれども、先日来日された『ウエストサイド物語』のジョージ・チャキリスさんは補聴器つけていましたからね、キレキレでダイナミックなダンスをしていた、あのチャキリスさんがですよ。

自分にも、いつそんな日が来るか分からない。その覚悟はある。

そういえば、最期まで現役で役者を続けることにこだわっておられた島田正吾先生は、晩年、耳が遠くなっても、やっていたのが一人芝居だから「相手役のセリフを聞かなくていいし、大丈夫だ」って言い切っていたね。そうやって、どんな状態になってもやれる仕事はあるんだろうなと思っている。

こうして年齢とともに、いろんなところにガタが出てき始めて、時間はそんなにないのかもしれないんだけれども、やりたい舞台はまだまだたくさんある。それに歳を重ねたからこそ、出来る役だってある。

あれもやりたい、これもやりたい、という気持ち。

この先もずっと、僕はそれらのガタたちと戦いながら、いろいろな芝居をやっていくつもりだ。

そんなガタつき始めた役者だけれど、まだしばらくお付き合いくださいね。

第2章　僕の舞台遍歴、教えます

『イエス・キリスト=スーパースター』（写真撮影／松本徳彦）

『エクウス』（写真撮影／松本徳彦）

大人になったら山車の上で〝白狐〟を踊るんだ

舞台との出会いを振り返って語るとなると、どこから話せばいいのか難しい。劇団四季に入る前に西村晃さんの付き人になった理由、舞台芸術学院に入学したきっかけ、高校時代に恩師と出会って演劇部に入ったこと。時間を遡り、そうやって〝そもそも〟を辿っていくと、やはり子ども時代の記憶にまで行きついてしまう。

僕は一人っ子で、父親は「武州新報」というローカルの新聞を発行し、母親は赤ちょうちんの飲み屋「いっちゃん」のおかみさんだった。父は農家の長男という立場を次男に譲ってまでも自分のやりたいこと、したい生き方を貫いた人間だった。どことなく夢やロマンみたいなものを持っていた気がするね。だって長男の権利を次男に譲るということは、当時相当なことで、山一個、全部あげちゃうみたいなもんですから。

後で聞いた話によると、母親と出会ってからは隅田川かどこかでアイスキャンデーを売ったり、川越でダンスホールを開いたり。とにかく、何かピンとひらめいたことをやっちゃう人だったようだね。どうやら、そんな父の思いつきで、母に「飲み屋でもやらねえか？」って言ったそうです。

その飲み屋は、5、6人も座ったらいっぱいになるカウンターに4人が座れる小上がり、そして奥に狭い酒蔵がある小さい店。父親はカウンターの一番奥に座るのがお決まりで、そこで毎晩酒を飲んでたね。父は自分がタダ酒を飲めるからやらせていたんじゃないかな。ホントうまいこと考えたなと思いますよ。だって、おっかあに働かせて、自分は好きな酒をたらふく、しかもタダで飲めるんだから。

でも、おかみの母にとって、飲み屋の切り盛りは大変だったと思う。酔っ払いがくだ巻いたりすると、「もうお勘定要らないからとっとと帰っとくれよ」ってあしらっていたり、お客さんからお酒をたくさん飲まされて、家の土間か何かで「はあ、切ない……」なんて呟いていたりするところを何度も見た。あの背中は今も忘れられないですね。

お祭りの季節になると、お客さんに「マーちゃん、ちょっとこのテーブルの一升枡の上で踊ってごらん」と言われては、テケテンツクテケツクテンって「川越まつり」のお囃子に合わせて踊っていました。僕は子どもの頃から、大人になったら山車の上で〝白狐〟を踊るんだと、ずっと夢見ていたんです。

川越氷川神社の祭礼「川越まつり」のクライマックス、山車行事は、お面をつけた踊り手が載る山車が20台以上出るので、京都の祇園祭にもちょっと似ているかもしれない。でも優雅な祇園祭とは違って、こちらは関東のお祭りだから結構激しいんです。山車ごとにお囃子のリズムが違い、太鼓合戦をして、リズムが崩れたほうが道を譲るみたいなルールで争う。四つ角で4台の山車が鉢合わせでもしたら、4つのリズムが重なって、決着がつくまでずっとリズム合戦が続くから大変なんですよ。

踊り手のお面は地域によっていろいろあるんだけど、その中で僕は白狐（天狐）が一番好きだった。白い髪を振り乱して踊る白狐の面は表情がキリッとしていて、おかめやひょっとこなんかと違い、とてもカッコ良かったからね。ちょうど母親の飲み屋があった大手町という地区は、その山車のお面が白狐だったんです。

大手町には粋筋の芸者のお姉さんたちもいたな。当時親子3人で住んでいた家は店から少し離れた住宅街にあったんだけど、正親少年としては、商店がたくさんあって賑やかで、おしろいの匂いのする町に心が惹かれていたんです。

すぐ近所には映画館もあった。見に来るお客さんの自転車を母の店のそばに置かせてあげていたので、「マーちゃんにはタダで見せてあげよう」ということになって、僕はずっと映画館が顔パスだったんです。だけど友だちと一緒に見る時は、わざとトイレの窓から入ってみせたりしていましたね。ワルを気取って、不良ぶってね。

そこの映画館には2階席もあって、時々アベックがいたんですよ。子どもとはいえ男の子だもんね、そーっと近づいて、どんなことをしているのか気になるから観察してたな。仲間の中に女の子がいると、ちょっとヘンな気持ちになったりもして。お医者さんごっこをしたのもこの頃だった。飲み屋で育って、大人びた映画をしょっちゅう見てる子どもだったから、僕は目のつけどころが早くからおませだった気がしますね。だからこんな役者になっちゃったのかな。

その頃に見た映画の中で特に印象に残っているのは、チャールトン・ヘストンがモーゼの役だった『十戒』。なんといっても、ユル・ブリンナー演じるエジプトの王に追われるヘブライ人の目の前で、モーゼが神に祈りを捧げると海がまっ二つに割れるシーン。最近のCGと比べたら、かなり粗っぽい映像なんだけど、とにかく迫力がすごくてね。

サービス精神というものも、その頃から身に付き始めて、まわりの人を喜ばせることが大好きでした。お店のお客さんから「マーちゃんは面白いね」なんて言われると嬉しくて、その時のみんなの笑顔は今も記憶に残っているし、小学校の学芸会にも、率先して出ていましたよ。

でも初舞台という意味では、学芸会ではなく、お店の一升枡の上でテケテンテケテンってお囃子に合わせて白狐を踊ってみせて、誰かに10円もらった時になるんじゃないかな。だから、僕の中にある舞台の原点は、「川越まつり」のお囃子なんです。あの音を聴くといまだにワクワクしちゃう。「いつかあの白狐になるんだ！」って、本気で思っていましたからね。まあ、結果的には山車の上で僕が白狐を踊ることはなく、大人になって別のステージに立つことになってしまったわけですけれど。

僕がやるべき道はこれだ

中学校ではまず野球部に入ったのに、夏休みになったら、野球部員は肩を冷やすからプールで泳ぐことが禁止だと言われて辞めちゃいました。禁止の理由が納得出来ないし、夏はやっぱりプールでしょ。その後は、なぜか柔道部にひっぱられました。僕は兄弟がいないから、そこで構ってもらえるのが嬉しかったんです。投げ技も、絞め技も、寝技も含めて、「柔道」って相手とじゃれあっているような、遊んでいるような雰囲気があるじゃないですか。まあ、ずっと投げられてばかりでしたけどね。

でも、投げられているうちに、よし、どうせ投げられるんならきれいに投げられてやろうって思うようになった。上手に右肩からくるっと投げられるにはどうしたらよいかとか、投げられて畳に放り出された両足はこのくらいの角度がよいとか。まあ、これも一つの美学ですよね。客観的に自分の姿を見る習慣が生まれたというか。

さらに、競技だから勝ち負けはあるんだけれど、勝つ選手も、負ける選手も人間だ。負けると挫折を経験するけれど、そのあとで得るものがたくさんある。だから負けのほうが哲学的にはいいぞと、負け惜しみなんだろうけど、そう思うようになった。僕の何でもポジティブに考える気質は、このあたりから作られていったのかもしれません。投げた人間の嬉しそうな顔を見るのも好きだったなあ。

高校受験もがんばりましたよ。家で夜遅くまで勉強をしていても、母ちゃんは深夜まで仕事だし、おやじは取材に行っているか店で飲んでいるかだから、ずっと一人。そうすると「マーちゃん、そろそろお夜食にしましょうか」って、母の声色を真似て言いながら、自分で作ったインスタントラーメンをテーブルにのせて、「ほら、お夜食が出来ましたよ」「わあ、ありがとう」みたいな親子の会話も一人で再現して、自分で自分を盛り上げていた。誰かに見られたら恥ずかしいけど、これが僕の一人芝居の原点だったのかもね。全部、自分でやっちゃうという癖も、その頃から身に付いたんだろう。

結局のところ、高校は商業高校に行くことになり、即、体操部に入部しました。その頃、東京オリンピックがあって日本の体操選手たちがカッコよくってね。自分もとんぼ返りや、バク転とかバク宙がしてみたくて仕方がなかったんです。だけど、それまでもケガの多い子どもではありましたけど、憧れの体操部に入ってすぐに倒立の練習があり、「明日までに3秒確実に停止しないとしごくぞ!」と言われ、狭い部屋で練習してたら、勢い余ってガラス戸に足を突っ込んでしまって……。右足の中指が半分取れかかるくらいの大ケガで16針縫いました。さらに高校2年の時は、バク宙の練習で首から落下して、今度は3カ月入院。それでもう、体操どころではなくなってしまいましたね。

そしていよいよ、この頃から演劇の〝え〟の字が近づいてくるんです。

高校2年生の3学期に「3年生を送る会」という催しがあったんだけど、同級生の島崎という男が、「市村も手伝ってくれないか」と誘ってくれた。実は、彼は僕にとって運命の人。この一言が、のちの役者の道につながったんだから。

島崎は確かブラスバンドに入っていて、ビートルズが来日した時にわざわざ見に行くくらいの音楽好きだった。僕なんかは「ビートルズって何?」って状態でしたからね。そんな彼が誘ってくれたのが、ステージ上でクチパクの演技をする役者に合わせて、舞台袖にいる人間がセリフを言う、いわゆるアテレコの劇。内容はコメディーで、演出は島崎、僕は演劇の素人だったのに重要な役をもらった。

それを見ていた演劇部顧問の茨木洋子先生が、「あなた、お芝居が好きなら演劇部に入らない？」と声をかけてくださったんだから、人生、何が起こるか分からない。普通なら就職活動を始めなきゃいけない時期なのに、その気になった僕は3年生になってから演劇部に入部して、さらに演技の勉強をしようと赤羽にあった劇団「新日本児童」にも通い、なおかつお金も稼がなくちゃいけないから、神宮球場でコーラの売り子のアルバイトも始めて、忙しい日々を送るようになった。

そんな時期に茨木先生に連れられて見たのが、劇団民藝の滝沢修さんが主演されていた舞台『オットーと呼ばれる日本人』でした。これは太平洋戦争中に起きた国際スパイ事件、いわゆる〝ゾルゲ事件〟をモチーフにした木下順二さん作の戯曲で、これが自分にとっては一生忘れられない衝撃的な体験になったんです。滝沢さんが演じきった主人公、オットーこと尾崎秀実の生き様にガツンと頭を殴られた気がしました。

たかだか2、3時間の上演時間なのに、舞台上にはとても〝激しい人生〟があり、それが最後には崇高なかたちに変わっていった時、「ああ、僕がやるべき道はこれだ」と強く思ったんです。役者になりたい、それもテレビや映画ではなく、舞台だと。

どうすれば役者になれるのか。おやじやおふくろに相談することもせず、一人で黙々と前に前に、一歩でも半歩でも進もうとしていましたね。「このままじゃいかん。役者になるには、誰かの付き人になるのが早いんじゃないか」と思い立って、当時は芸能雑誌に俳優さんの所属事務所の情報が載っていたので、青島幸男さんやハナ肇さんの事務所を訪ねては「すいません、弟子にしてください」と頼み、そのたびに「うちはそういうの取ってませんから」と断られていました。だけど僕は、行くのも早いけれども去り際も早く、全然粘らなかった。「あ、そうですか。はい」みたいな。もしそこで粘っていたら、これまた僕の人生は変わっていたかもしれませんね。でも、なぜ役者じゃなくてお笑いに行ったのかな。

当時、役者志望の若者はみんな、有名な俳優座養成所を目指したんですが、何というか僕にはキラキラ輝きすぎる印象で、自分には合わないなと。茨木先生に相談したら、「だったら池袋の舞台芸術学院、〝舞芸〟にいくのもいいかもしれないね」と教えてくれたんです。先生ご自身も舞台芸術学院で演劇を勉強されたと聞いて、とにかくそこに進学しようと決めました。

舞芸に入学するために、川越の楽器屋さんで発声のレッスンを受け、同じく川越で坂東流の日本舞踊を習い、試験を受けて無事に演劇科へ合格。

１９６７年４月、18歳の市村正親は役者の世界に一歩足を踏み出した。

「しばらく付き人をやらないか」

3年制の演劇学校、舞台芸術学院で、僕と同期の19期生は確か52名。入学式では、当時の浜村米蔵学長がいいことを言っていましたね。
「この学校の授業は一人のお金だけじゃ成立しない。君たち52人がお金を出しているからこそ、これだけのカリキュラムが組めるんだ。だから他の51人が自分のためにお金を払ってくれているんだという発想を持ちなさい。もし辞めてしまったら、せっかく払った学費を他の人のためにあげることになるんですからね。だったら、あげるよりはもらう人になりなさい」と。そんなこと言われたら、もう絶対休みたくないですよ。僕はずっと無遅刻無欠席、皆勤賞で授業を受けていました。

当時はベ平連、沖縄返還運動と、学生運動が真っ盛りの時期で、同世代の人たちがヘルメットをかぶり、角棒を持ってデモに行く中、僕は黙々と演劇学校で芝居の勉強に励み、何人かの仲間と〝つくる会〟というグループを作って、エチュードの授業が終わったあとも、自分たちで熱心に復習して過ごしていました。その〝つくる会〟のメンバーは、男はナカハラくんとゴトウくんとナガヌマくん、そして女の子は、なぜかオヘソと呼ばれていたトヨダさんと目が大きくて細いタムラさん、それに僕を加えた6人。時々、オヘソちゃんの家に集まってみんなで勉強会をしたりしてね。

入学した時点で52人だった同期は、卒業する時は12人しかいなかった。その12人の中に〝つくる会〟メンバーは僕を含めて4人、それも全員、男だけ。つまり女子は2人とも途中で辞めてしまったんだ。きっとお嫁さんになったんでしょう。あのグループの面々には、いつかまた会ってみたい。今もみんな、元気でいるかな。

2年生の頃には、現役の演劇人の方々が舞芸で特別講座をしてくださったことがあった。『水戸黄門』の水戸光圀役で有名な東野英治郎さんが、じっくり芝居の話をしてくださったり、存在感のある名脇役として知られた花沢徳衛さんが舞台のメイクのことを教えてくださったり。そういった講師陣の中に、後に付き人をやらせていただく西村晃さんもいらっしゃったんです。

講義をしていただいた数カ月後、西村さんから「この夏、ミュージカルに出るんだけれど、誰か手伝える生徒はいませんか？」と学校に問い合わせがあり、だったら無遅刻無欠席の市村が打って付けでしょうと推薦してくれたんですね。それで夏休みの間だけ、西村さんの付き人の仕事をすることになった。このミュージカルが、野坂昭如さんの作家デビュー作『エロ事師たち』を舞台化した『聖スブやん』で、作曲はいずみ・たく先生。当時の記憶は曖昧なんだけど、とにかく覚えてるのは、西村さんが「おー、チンチン」って言いながらトライアングルを叩いていたこと。そして、西村さんの股間にバラの蕾を仕込み忘れたこと。

刺激的な夏が終わり、ひとまず学校に戻りましたけど、付き人見習いをしたことで、その後も西村さんが出ている舞台を見に行くようになった。ひと夏ずっとご一緒したものだから、「おい、イッちゃん！」なんて、親しげに呼んでくださるようになって。そのうちに「卒業した後はどうするんだ？」と進路までご心配いただいて、「まだ何も決めていないんです」と申し上げると、「だったら今度、三木のり平ちゃんと芝居をするんだけど、また手伝ってくれないか」と頼まれたんです。これが『文七元結』をベースにした『めおと太鼓』という芝居で、約1カ月間の名古屋公演（1970年4月／名鉄ホール）。主演は長兵衛役の三木のり平さん、女房おかねに中村メイコさん、娘お久に十朱幸代さん。文七役は古今亭志ん朝さんで、長屋に住む浪人の役が西村さんだった。

舞台俳優の付き人をやるということは、この名優達の舞台を袖から1カ月間、見れるということ。役者志望の僕に、西村さんが本物の舞台、生の演技を見せて下さったんですね。特に目の前で繰り広げられた三木のり平さんと志ん朝さんの「大川端」のやり取りは、他に比べようがないくらいの貴重な財産になった。この経験がのちに、市村座での一人芝居『文七元結』につながるわけです。

僕の脳裏には、いまだにあの時の残像が焼きついています。

『めおと太鼓』は、ちょっとだけ芝居に出してもらったりしたこともあり、本格的に舞台に関わった最初の仕事でした。この公演中に西村さんから、「よかったら、私が面倒を見るから、しばらく付き人をやらないか」と誘っていただき、「はい、お願いします」と二つ返事でお引き受けしたのです。

そして舞芸卒業後、3年間の付き人生活が始まりました。

そろそろ自分を第一に

西村晃さんの付き人をやらせていただいている間、自分にとって大変勉強になったのは、やはり共演されていた大スターたちの芝居が間近で見られたことでした。

中村嘉葎雄さんの佇まいに、萬屋錦之介さんの派手で明るいオーラ、三木のり平さんのなんとも独特な雰囲気の芝居、古今亭志ん朝さんの品の良さ、勝新太郎さんが演じる座頭市の、芝居なんだけどほとんど素のような役づくり……。公演中は毎日、大御所の演技を目の当たりにしながら、20代前半の市村青年は青春を謳歌したわけです。きっと演劇の神様が僕をそういう場所に置いてくれたんでしょう。必死に目も耳もおっぴろげて、なにもかも一生懸命見て、そして聴いていました。

正式な付き人になって、僕がまず覚えたことは、「すみません」と謝ること。まだ不慣れな演劇の世界でしくじって、師匠やまわりに迷惑をかけてしまった場合は当然のこと、自分にまったく非がない場合だって、頭を下げなければならない時がある。付き人は師匠が仕事をしやすいように状態を整えるのが最優先事項だから、そのためなら、理不尽な叱責だろうと受け止める必要があるんです。苛立っていた西村さんから何度か怒られたことがあるけれど、後で「さっきはお前に当たって、悪かったな」と言葉をかけてくださる。弟子にもちゃんと謝る、そんな柔軟さを持ち合わせた師匠は、実はなかなかいないんだ。それは僕の誇りでもありました。

現場の苦労を知ったのも、この時期だったと思う。演出家を筆頭として、舞台装置、照明、音響、大道具、小道具、衣装、メイク、そして劇場運営まで……1カ月にもわたる公演ともなると、舞台にかかわるスタッフはものすごい数になるんだけど、彼らの仕事は本当に見事だったね。複雑な舞台を試行錯誤を繰り返しながら作り上げていく一方で、小さなトラブルなんて日常茶飯事だから、それにも機敏に対応する。すべては作品の完成度を高めるため、役者一人一人を輝かせるために。彼らの苦労や仕事ぶりを間近で見られたことも、付き人時代の大きな収穫だったに違いない。

そんな忙しい日々を過ごしていた僕にも、やがて心境の変化が訪れます。

付き人1年目はとにかく好奇心が磨かれた。それが2年目には、おこがましくも「俺はカバン持ちをしたり、事務所で電話番をするためにこの世界に入ったわけじゃない」と思うようになった。そうして「俺にはもっと大きな自分の夢があるはずだ」と意識し始めた頃、何か新しいことに挑戦したいと思い、事務所近くの新宿コマ劇場の4階でバレエ教室を開いていた小川亜矢子先生のところに、レッスンを受けに行くようになったんです。もちろん西村さんの仕事がない時にね。

その教室は夜が初等クラスで、午前中はプロフェッショナルクラス。バレエ経験のない僕は初等クラスで習い始めたんだけど、すぐに亜矢子先生が「夜だけでなく、午前も来られる日は来てみたら」と誘ってくださったんです。しかも「1カ月のレッスン料で全レッスン来てもいいわよ」と。お金がなかった僕は、飛び上がるほど嬉しかったな。小川亜矢子さんもまた、僕に多大なる影響を与えてくれた人の一人。この教室に通っていたことが、後に劇団四季への入団につながっていきます。

バレエという新しい世界を知ったことも影響したでしょう。付き人生活も3年目、僕は〝独立〟を考え始めている自分に気づきました。当たり前ではありますが、付き人というのは常に師匠を第一に考えるんですね、自分のことは後回しで。そろそろ自分の将来を第一にして生きていきたいと思うようになった。それに、自分の人生を振り返ると、中学校が3年、高校が3年、舞芸も3年というリズムがあって、付き人生活も3年がちょうどいい区切りなんじゃないかと。石の上にも三年といいますからね。

問題は、それを西村さんにどう切り出すか、ということでした。師匠に直接話をしたら、しどろもどろになりそうで。だから、思いきって自分の素直な気持ちを手紙にしたため、それを読んでいただくことにしたんです。

西村さんは僕の思いを受け入れて下さって、こんな言葉をいただいたのです。

「こういう考え方が出来るようになったのはとてもいいことだ。飛ぶ鳥跡を濁さず、決まっている仕事だけは全部やってから旅立っていきなさい。ただし、正道を歩めよ」

〝正道〟とはどういう意味なのか。24歳の僕が理解するのは難しかったけれど、その二文字は深く僕の胸に刻まれました。

第1志望は「群衆」、第2志望は「使徒」

小川亜矢子先生のバレエ教室に通っていた時、一緒にレッスンを受けていた振付師の名倉加代子さんが「イッちゃん、劇団四季のオーディションを受けてみたら？」と声をかけてくれたんです。それがロックミュージカル『イエス・キリスト＝スーパースター』だった。実は、舞芸時代の僕は生意気にも「へぇ～、劇団四季って、あのブルジョワ劇団か」なんて言っていたんですけどね。

よし、オーディションに挑戦してみようと願書を出し、資料としてレコードと譜面を買ったんだけど、レコードで『イエス・キリスト＝スーパースター』のサントラを初めて聴いた時、ものすごいショックを受けた。どう表現すればいいのか、とにかくアンドリュー・ロイド・ウェバーの楽曲に圧倒されてしまったんですよ。

そして、これも偶然なんですが、バレエ教室でピアノを弾いていた木内重子さんが、本業は劇団四季の女優さんだったんです。その彼女が僕に歌の稽古をつけてくれたんです。本当にラッキーだった。

このオーディションの願書には、希望する役柄の第1志望、第2志望を書く欄がありました。友人も何人か同じオーディションを受けに来ていて、みんな「第1志望はイエスだ」「俺はユダにする」と口々にメインキャストばかりを希望していたけれど、僕の第1志望は「群衆」で、第2志望は「使徒」。二つとも、役の人数が多い。つまりオーディション料を払った分を回収するためには、どんな役でもいいからとにかく合格したかったんですよ。付き人時代にも何回か舞台公演には出していただいたことがあって、たとえ通行人役でも、少ないながらも必ずギャラがいただけましたから。

オーディションは本当に舞台の上で行われたので、まさに『コーラスライン』の一場面のようでしたね。そこから2次、3次、4次、5次オーディションまで僕は残り、最終的に、群衆とヘロデという役をもらうことが出来た。実は、このオーディションには元「もんた&ブラザーズ」のもんたよしのりも参加していて、彼はアンナスというユダヤ教の大祭司役を手にした。そしてイエス役は、僕の盟友、鹿賀丈史。

僕が演じるヘロデというのが、また凝った衣装でね。くりからもんもん、つまり刺青が身体に入っていてアフロヘアで、しかも白塗りのふんどし姿。それが花魁を抱えながら人力車に乗って出てくるの。そんな過激なビジュアルだったものだから、当時の写真週刊誌「フォーカス」に舞台写真が掲載されて、結構大きな話題にもなりました。

その頃は劇団の稽古場が参宮橋にあり、劇場は中野サンプラザだったので、両方に通いやすい東中野のアパートを借りることに。家賃は確か1万5000円で、4畳半に1畳の台所、トイレ付きの風呂なし。しばらくこの清風荘で暮らしながら、新人役者の僕はキャリアを重ねていくことになるわけです。

『イエス・キリスト＝スーパースター』に続いて出演したのが、『ゆかいなどろぼうたち』。劇団四季のある俳優さんが白血病になってしまい、代役を探していたところ、どういうわけか知らないけど、きっと「あの市村っていうのを、うちで取っておきたいよな」という流れにでもなったんでしょうね。エスペル、カスペル、ヨナタンという3人の泥棒の話でね。僕にヨナタンが回ってきて、約3カ月の旅公演に出ることになった。

全国、あちこちを回りましたね。『ゆかいなどろぼうたち』では、今でこそ照明家として大活躍している原田保とか服部基とか塚本悟が当時はまだみんなペーペーで、一緒に旅公演に出ていたんです。彼ら裏方といつも飲んでいると、根が甘ったれの一人っ子なもんだから、みんなから構ってもらえるのが嬉しくて、酒の勢いもあり、すぐ外に出て行ってしまう。するとみんな心配して、「イチー、イチー」って探しに来てくれる。その声を聞きながら、僕は「くっくっ、みんなが僕を探してる」って思いながら、いつも泣いていたんです。分かるかな、そういう気持ち。もともと寂しがり屋なのに、それまでは付き人だったから甘えたことはせずにずっと我慢していたんでしょう。それが旅公演で解放され、人に探してもらえて、嬉しくなって、それでいつも泣いていたんです。『イエス・キリスト＝スーパースター』の時も、付き人時代にお世話になったスタッフさんが仲良くしてくれたんだけれど、僕は共演者とか、俳優さんと付き合うよりも、付き人時代の裏方感覚があるからなのか、スタッフの方と一緒に遊ぶことのほうが多いんですよ。

これが俳優さんたちと一緒に飲むとなると、自分の好きな仕事をやっているはずなのに、大抵みんな愚痴を言い出す。そのうち劇団四季の演出家、浅利慶太さんの悪口を言い始めるもんだから、僕、言ってやったんですよ。「嫌だったら辞めりゃいいじゃないですか」って。でもそうすると、「辞められない理由があるんだ」とか「まだ家のローンが残ってるから」とか、言い訳をする。だったら悪口なんか言わなきゃいいし、本人がいないところで陰口を叩くのはよせばいいのに。

その頃から役者と飲むのはよそうって思うようになりました。もちろん、そんなことを言わない気の合った仲間とならいいけど。でも、ほとんど誰かの悪口で盛り上がる酒、自分は正しいって言い出し終《しま》いにはケンカになる酒。役者も、赤ちょうちんで飲んでいるサラリーマンたちも愚痴は愚痴でしかないんだから、暗い酒は飲みたくないですね。

「俺は、そんな演出をした覚えはない！」

最初のオーディションから2作続けて出演したタイミングで、「来年、『ウエストサイド物語』をやるんだけれど、君にぴったりの役がある。これを機に劇団員にならないか」と誘われてね。1974年、正式に劇団四季の団員になった。

そして、もらった役がジェット団のベイビー・ジョーン。その名前の通り、一番下っぱの役なんで、女の子からキャーキャー騒がれました。この時は外国人演出家の意向で、ジェット団とシャーク団が大きな楽屋に入れられ、半分に仕切られてお互いに絶対口を利かないように厳命されていたんです。そんな時、僕のところには、いつも「ベイビー・ジョーン、市村さんへ」って、お花が届いた。同じ大部屋のジェット団の連中から「お前ばっかり、何でこんなに花が届くんだよ」って文句を言われてたな。

この『ウエストサイド物語』あたりから、少しはお客さんもついて、ノルマの切符もある程度売れるようになった。そして3年後の再演では、今度はシャーク団のリーダー、ベルナルドをやることになるんです。初演では一切口を利かなかった敵役なんだけど、意外にすんなりやれちゃうんだ。役者なんてそんなもんだよ。それにしてもベルナルドってリフト（女性を持ち上げる）があるんだよね。それまで箸より重いものを持ったことがないので、女性を持ち上げるなんて本当に冷や汗ものでした。何度となくアニタ役の立川真理さんを落としそうになった。立川さん、ひやひやさせてごめんなさい。

『青い鳥』では主役の一人、チルチル役を任された。１９７６年12月の暮れ、千秋楽の日に舞台袖から浅利さんのダメ出しの声が。「俺は、そんな演出をした覚えはない！」って、浅利さんの怒りは頂点に達していた。会場の日生劇場は超満員、千秋楽だから川越から両親も来ていた。終演後、大部屋に集められたみんなの前で、「市村くんのような勝手な芝居をする人には、今後仕事はないものと思ってくれ」とまで言われてね。悔しかったし、悲しかった。泣き崩れる僕を見て、みんな「これで市村は辞めるな」って思ったらしい。

でも、その時、僕に〝四季を辞める〟という発想は微塵もなかった。あれは単なるダメ出しだと思っていたから。よくよく考えると、確かに僕は演出から外れるような演技をしていたかもしれない。お客さんに楽しんでもらうための一種の味付けだと思っていた演技が、きっと浅利さんの目には陳腐なものに映り、その逆鱗に触れたんだろうと。

そのまま年を越すのが嫌だったから、千秋楽の翌日、自分の非を認める手紙を書いて、信濃大町の山荘で次の公演の稽古をしていた浅利さんに手渡しに行ったんですよ。そうしたら、「分かったよ、こういう考えでいてくれるのならまた一緒に仕事をしよう」と謝罪を受け入れてくれただけでなく、せっかく来たんだからと稽古を最後まで見学させてもらって、夕飯にすき焼きまでご馳走になった。さらに帰り際、「外は寒いから、これを持って行けよ」と、浅利さんが着ていたカシミアのセーターまでもらっちゃった。

こんなことされたら、誰でも浅利さんについて行きたくなるよ。AB型の浅利さんは、本当にアメとムチの使い方がうまかったなあ。


オーディションに参加するコーラスダンサーたちを描く『コーラスライン』で、僕が演じたのは、ポール・サンマルコという隠れゲイの役。この役は、歌や踊りで勝負するというよりも、演出家の前で自分の過去を語る場面が重要なんだ。日生劇場の舞台でセンターに一人で立ち、どうしても男らしく振る舞えなかった少年時代の話、子どもの時に映画館で他のお客さんにいたずらされても、それが嫌じゃなかったというような話をするんですね。とても難しい役だったけれど、僕も幼い頃から映画館に通っていたから、いたずらこそされていませんけど、古い映画館の様子とかスクリーンを夢中で見つめる少年の眼差しを、その時の実感をこめて演じられた気がします。

当初『コーラスライン』の役は座内（内部）オーディションで決定すると聞いていたんだけど、後日、外部向けのオーディションも開かれていた。その時に受けていたのが、後に演出家になる宮本亜門（現・宮本亞門）ちゃんや、宝塚退団直後の室町あかねちゃん、前田美波里さんたち。最終的にほぼ7、8割が劇団四季の役者だったけど、外部の方も数名受かっていた。

座内オーディションの時、「ポール・サンマルコ役はお前にやらせたいから、あまり目立たないようにしていろよ」と浅利さんにアドバイスされていて、いつもは前のほうにグイグイ出ていくタイプなのに、その時はわざと後ろのほうで遠慮がちにやっていたんだ。そうしたら、アメリカの本国スタッフから「彼はレッスンにあまり積極的じゃないな」って言われてしまって。浅利さんは「おい、イチ、作戦変更だ！　前にどんどん出ていって積極的に稽古しろ」だって。笑っちゃうよね。

この舞台で一番嬉しかったのは、原案・振付・演出のマイケル・ベネット本人が稽古を見に来てくれたこと。彼が演出家の役をやってくれて、その時、僕は本当にポール・サンマルコの気持ちになれた。前にベネットを招いて稽古場で我々の『ウエストサイド物語』の通し稽古を見せたことがあり、それで、この劇団だったら『コーラスライン』が出来るって判断してくれたんだ。

そのあと、彼は亡くなってしまうんだけど、あの時、本人に直接会えて、しかも稽古場で共演出来たことは、自分にとってすごい財産だなと思いますよ。

役者人生を潰さない神様の選択

１９８６年の『ロミオとジュリエット』初日の出来事は、今も忘れられない。

当日の朝、劇場でのウォーミングアップ中に、急に声が出なくなったんです。慌ててトレーナーを呼んで、いろいろやってもらったら、何とか少しずつ声が出てきて、初日は無事に終えることが出来た。

舞台がはねてから、初日の報告をしようと川越の実家に電話をしたら、父が今朝11時に亡くなったって言われてね。母は舞台初日の僕に遠慮して、危篤になったことも知らせなかった。それがまさに声が出なくなった時間だったんで、おやじが最後に僕の側へ来てくれていたのかなって思ったよ。

父は前々から献体をしたいと言っていたから、遺体はすぐに病院に運ばれたと聞いた。２０１２年に母が亡くなった時も撮影で看取ることが出来なかった。役者は親の死に目にも会えないって言うけど、つらいっちゃ、つらいよね。

１週間後の休演日に病院の霊安室に行くと、父の遺体はガスの入ったビニールの中に入れられていて、顔がなんだか深緑というか、葉っぱみたいな色になっていたんだ。

『ロミオとジュリエット』の中に、仮死状態のジュリエットを見たロミオの「まだ死神の青白い炎は迫っていない」というセリフがあって、この意味がよく分からないままだったんだけど、この時ふっと気づいた。本来お葬式では亡くなって何日もたっていないからまだ普通の顔色だけれど、1週間も経つと完全に死神に取りつかれていて、こんなにも顔は真っ青になるんだ、と。「死神の青白い炎は迫っていない」というセリフが、この時初めて実感出来たんです。

きっとセリフの意味を父が教えてくれたんだと、しみじみ思いましたね。

『キャッツ』を劇団四季でやるという話が持ち上がった時は、劇団内の比較的大人の、踊れない俳優さんたちが「こういうのが当たっちゃうと、この組織は劇団じゃなくなっちゃうかもしれないね」って嘆いていたんです。確かに彼ら、彼女らの言っていたことは半分は本当だけど、半分はひがみというか嫉妬も含まれていたのかもしれない。でも、その俳優さんたちもオーディションは受けてましたけどね。

僕の場合は、実は『キャッツ』のオーディションを受けさせてもらえなかったんですよ。だから初演メンバーじゃなかったけど、これがもし初演に参加していたら、あの激しい踊りで僕の身体は潰されていたかもしれないとも思う。それほど、『キャッツ』って、激しく厳しい演目なんだ。

　1983年、その初演の『キャッツ』の1年にわたる公演が新宿の仮設劇場「キャッツ・シアター」で始まり、その翌年僕は日生劇場で『日曜はダメよ！』というミュージカルに出演していた。お客さんをみんな『キャッツ』に取られていたから、客席はいつも半分。そうしたら、その公演の2週間の休演日のうち、1週間だけ『キャッツ』で代役をやれって言われたんですよ。命令だから、もちろん従うしかない。2週間前から午前中は劇団の稽古場で『キャッツ』の振付を覚え、午後は『日曜はダメよ！』の本番、その終演後は『キャッツ』の稽古をやって……。それで1週間だけ『キャッツ』に出たんです。

　なぜそんなことを命じられたかというと、ずっとシングルキャストでミストフェリーズ役をがんばっていた飯野おさみちゃんを、1週間休ませるためだった。おさみちゃんが大変だったことは知っていたけど、僕もそういうピンチヒッターというか、演技や踊りを買われたんじゃなく、誰かのために使われる消耗品になったんだなって心の中では思ってましたけどね。この時は、その2週間で10キロ痩せました。それくらいハードだったんです。だってみんなが数カ月かけて作っているものを2週間で仕上げて、途中から入るわけですから。顔もげっそりしちゃって、休演日明けの『日曜はダメよ！』の出演者からは、「誰？　本当にイチなの、痩せたねえ！　それじゃ、キャッツじゃなくてネズミだよ」って笑われました。

その時に痛感したのが、ロングランでは、ずっと出ずっぱりは厳しいということ。でも、そのあと『キャッツ』で回ってきた役はラム・タム・タガー役だったから、いや、これならずっとやれると。もしかしたら、スキンブルシャンクス役でも大丈夫だな、と。結局、どんな役でも来たらやっちゃうんだけどね。まあ、いろんな作品があるけど、『キャッツ』はやりたい人がやればいいんだなって思いましたよ。とにかく『キャッツ』のやり過ぎは禁物だと。

実は、最初は僕もおさみちゃんと同じようにミストフェリーズをやりたいと思っていたんだけれど、ここでもまた演劇の神様がやらせなかったんだね。この役を市村にやらせたら、役者人生がそこで潰れると思ったんでしょう。最初に受けた『イエス・キリスト＝スーパースター』のオーディションでも、もし僕にイエスの役が回ってきたら、やっぱり潰れていた。あの役は鹿賀丈史のもの、あのよく声の響くでかい口を持つ丈史のものなんです。あそこで、群衆とヘロデしかやらなかったことが神様の選択で、僕にとってはベストだったんです。

劇団四季では、他にも僕の持ち役ではない役なのに、「お前やれ」ってよく出演させられた。誰かの役作りが間に合わなかったからとか、コンディションを崩した役者がいるとかで、初日、あるいは1日だけ出た作品もある。「悪いけど、2日で覚えてやってくれ」ってこともあった。今考えると、そんなスリリングな舞台によく立ってたね。

あの時期の浅利さんの行動力というか、前向きな姿勢はものすごかった。海外の現代劇、ミュージカル作品に常にアンテナを向けて、そこからチョイスするのがうまかったんだと思う。それが『キャッツ』が当たってからは、ロングランシステムに切り替えて、その後はほとんどディズニー作品になった。今、劇団四季といえば、『ライオンキング』『美女と野獣』『リトルマーメイド』『アラジン』だからね。

『キャッツ』の時に大人の劇団員が言っていた、「こういうのが当たっちゃうと、この組織は劇団じゃなくなっちゃうかもしれないね」という意見は、まったくの見当違いではなかったのかもしれない。でも、劇団ではなくなっちゃったかもしれないけれど、昔の四季のままだったら食えなかった人たちも食えるようになったわけだし、さらに新たな俳優さんたちも大勢輩出している。

浅利さんが作った劇団四季は、演劇界で多大な貢献をしていると思いますよ。

「ブラボー！　君でいく」

1988年初演の『オペラ座の怪人』のオーディションは、生みの親の演出家、ハロルド・プリンス本人が行うことになっていた。

実は最初、僕は若き子爵ラウルの役で受けろと劇団側（つまり浅利さん）に言われていたんです。なぜかというと、浅利さんの中の僕は永遠の青年というか少年のイメージがあったことと、キーの高いファントムの歌が僕には歌いこなせないと思われていたからだと思う。それで光枝明彦さんや山口祐一郎といった歌える連中は、みんなファントム役を受けていたのに、僕はファントム役を受けさせてもらえなかったんです。

ラウル役だって、二枚目の祐一郎がいるからきっとかなわないのになと思いつつ、でも浅利さんの命令だから受けたけど、天下のハロルド・プリンスに「君は二枚目のキャラクターじゃないよね」とズバリ言われてしまって。まあ、これで、この『オペラ座の怪人』とは縁がなかったなと思った。

ところが、その時のオーディションでファントム役を受けた人は全員ノー、不合格だった。焦ったのは浅利さん。全員不合格だと外部向けのオーディションをやることになって、もしそっちで選ばれたら、四季の劇団員がファントムを出来なくなってしまう。浅利さんも困っちゃってね。そうしたらプリンスが「さっき二枚目は無理だと言ったミスター・イチムラは『エレファントマン』の主演をやった経験があるようだけど、ぜひ彼のファントムの歌を聞いてみたい」と言ってくれたんです。そうなると浅利さんも「頼むなイチ、頼むな。明日の『ジーザス』の地方公演は他の俳優を行かせるから、お前は東京に残って、今から歌を覚えて、オーディションを受けてくれ」って。

チャンスがやってきた。とりあえず劇団のピアノ部屋で一生懸命音取りをしながら、難しい歌詞も覚えていって。途中で気分転換に、当時はタバコを吸っていたので、小道具部屋に一服しに行った。その部屋でふと目に止まったのが、オリジナルキャストのファントム役、マイケル・クロフォードの仮面を取った顔の写真。「ええっ、仮面の下はこういう顔なんだ！」って驚いてね。仮面を取ると顔の半分が焼けただれていて、唇や目もゆがんでいる。これがファントムなんだと思った瞬間、「ああ、『黒塚』だ」とひらめいた。やはり、いろいろなものを幅広く見ておくと得だよね。

猿之助（現・猿翁）さんの歌舞伎『黒塚』は、人を食らう鬼婆の話で、前半は心の中に鬼の心を持っている。僕もその気持ちで歌おうと、歌い方の方針が決まった。誰もが恐れる姿ゆえの心の闇を、横たわっているクリスティーヌに向かって歌えばいいんだ、と。

だからある意味、声なんかしっかり出さなくたっていいと気づいたんですよ。「気持ちだ！」って。

翌日のオーディションで、プリンスは昨日の今日だから楽譜を見ながらでいいよと言ってくれたけど、僕はもうどこに向かって歌うべきかが分かっていたからね。そこにいるはずのクリスティーヌの目を想像して、じっと見据えながら、心の闇をただ声に乗せた。歌い終わったら、プリンスは「ブラボー！　君でいく」と言ってくれたんだ。「実にドラマだ」って。

一応、それで決定はしたものの、浅利さんはどうしても自分の気に入ったキャスティングでやりたかったんだろうね。再度オーディションしてもらえないかと言い出して。すでにプリンスは帰国しちゃったから、それでもう一度、僕を含め5人の歌をビデオで録画して送ったんですよ、それを見てから最終決定してほしいと。

でも、最初の決定は覆らなかった。浅利さんはたぶん自分で演出したかったんだろうけど、プリンスは「いや、これは僕の演出だから僕が全部やる」と譲らなかったということ。自分も「僕を選んだのはプリンスで、あなたは単なるプロデューサーなんだから」って言いたかったけど、まあ、言えなかったね。

いよいよ稽古が始まっても、浅利さんからは「相変わらず下手な歌だなあ」なんて言われていましたね。公演前に再び来日してくれたプリンスの稽古は月曜から金曜日までで、土曜日だけ浅利さんに見せるんだけど、「そうか、俺が演出だったらこういう演出にはしないけどな」なんてよくぼやいていましたよ。初日になっても、やっぱり浅利さんは楽屋にいきなりバタンって入ってきて、「いつだって降ろすことは出来るからな」なんて言ってましたからね。

それにしても、プリンスの演出は本当に素晴らしかった。無事に初日が開けてから、一緒に食事をする機会があって、「どうして僕を選んでくれたんですか」と尋ねたら、「目が危なかった」って言われたんだ。「危険な、怪しい目をしていた」と。『黒塚』に出てくる鬼婆さながら、ずっとクリスティーヌを見つめて歌っていたから、よけいに怪しく見えたのかもしれない。「じゃあ、ビデオでのオーディションテープを見て、それでもなぜ僕にしてくれたんですか」と再び尋ねると、「ああ、ビデオは見ていないよ。だって僕は、日本に行って直接オーディションで君を選んだんだから。後で東京から何を送ってきたってもう見ないよ、君に決めたんだからさ」って。

おおーっ！　て、あの時はちょっと感動したな。

そうそう思い出した。浅利さんが「イチはファントムの音程は出ないんですよ」って言った時、プリンスは「僕の演出で出させる！」って。カッコイイ！

しばらく後の話になるんだけど、四季の稽古場がある長野の大町山荘で温泉に入っていたら、僕の体を見た浅利さんから「お前、胸板が厚くなってないか？」と言われた。確かに、ちょっと前からシャツの胸回りがきつくて、以前のスーツが全部着られなくなってしまった。ファントムの音程が出るように発声の訓練を続けていくうちに、7カ月のロングランを乗り越えたら、胸郭が広がっていったんだ。40代になろうとしているのに、まだ体が変化することに驚いたよ。

千秋楽の日にロッカーを空っぽにして

1975年初演の『エクウス』は、自分が出ていた当時は全然気づいていなかったけれど、日本の演劇界に相当な衝撃を与えた作品だったらしい。なにしろ、その年の芸術祭の大賞を受賞しているからね。『アマデウス』で有名なイギリスの作家、ピーター・シェーファーによる戯曲で、この現代社会において何が狂気で何が正常かということを問うたもの。僕にとっては初めてのストレートプレイ（セリフ劇）で、精神科医のダイサートの「医者は情熱を破壊することが出来る、だが創り出すことは出来ないんだ」というセリフが今も心に残っている。割と最近だと、『ハリー・ポッター』シリーズのダニエル・ラドクリフがロンドンとニューヨークで出演していたから、『エクウス』という題名を知っている人は多いかもしれない。

舞台上で全裸になる場面があるというんで、みんなの羞恥心をなくそうと、初演の稽古が始まる前に浅利さんが相手役の女優さんと僕をサイパンに連れていってくれたんです。着いた翌日、マニャガハ島という無人島に行って、これも浅利さん発案で「お前たち、裸でウロウロしてこい」って言われて。だけど、ただ歩いているだけではつまらないと、僕は海に泳ぎに行っちゃったんだ。シュノーケルをつけてプカプカ浮いて遊んでたら、ちょうどお尻だけが波の上に出ていたみたいで、見事にそこだけ真っ赤に灼けてしまった。もう痛くて痛くて、仰向けに寝れなくてね。女優さんたちもみんな心配してくれて、サイパンのでっかいキュウリを買ってきて、薄く切って僕の尻の上に並べてくれたんだ。ひと切れ置くたびに、「アーッ」て叫んでいる僕を、浅利さんは本を読みながら眺めては、くすくす笑っていたなあ。そんな状態から、初演の稽古は始まったんですよ。

この作品では、アンビバレンツ（相反する感情を同時に抱くこと）という言葉がよく使われました。つまり、答えたいんだけど答えたくないというような芝居をしなくちゃいけない。医者と会話する場面でも、何か聞かれて答えたいけど、それを拒否するという芝居を徹底的に教えられた。本番まであと1週間くらい前の稽古場の通しで、「よし、今日の通しは本番と同じに脱いでやるぞ！」と、夜の11時から始まり、深夜2時に終了。見ていた全員がシーンとしていたその中で、浅利さんが「今日はいい稽古をした。おつかれ」と言ってくれて。カッコよかったね！

そして、いよいよ初日。今までにたくさんの拍手を頂いているけど、この『エクウス』の初日の拍手が僕の役者人生でナンバーワンかな。400人くらいの劇場なのに、鼓膜が破れるかと思うくらいの拍手だった。あの音は今も心に残ってるなあ。

まさか、同じ『エクウス』を最後に僕が劇団四季を去ることになるなんて、その時、誰が想像しただろう。

初演の時、僕は27歳で17歳のアランを演じていたけど、最後にやったのは1990年だから41歳。その年にファントムの役を降ろされて、「『エクウス』をやってくれ」と言われた。笑えないダジャレだけど、厄年に大きなファントムという〝役〟を落としたわけです。それがきっかけで、1990年、『エクウス』の17歳の役を最後に、17年間お世話になった四季を辞めることになった。

それはまさに、ファントム役として紅白歌合戦に出て歌った翌年だった。3度目の『オペラ座の怪人』をやることになって、今度もファントム役の筆頭には僕の名前があがっていたのに、小道具部屋で一服していたら、衣装の女の子が「市村さん、次のファントムはお出にならないんですね」って、ポロッと。僕には寝耳に水だったので、「え？何で？」って聞いたら、「だって山口さん……あっ」と。その数日後に浅利さんから「ファントムは他のやつにやらせるから、イチは『エクウス』をやってくれ」って言われた。「はい」と言うしかなかったよ。

大阪での『エクウス』が終わり、11月には初演の劇場に戻っての東京公演。これも運命を感じた。そして東京での『エクウス』の本番中に、稽古場のロッカーの荷物を毎日少しずつ持ち帰った。同期の俳優たちは「本当に辞めちゃうのかよ」って、泣いてくれましたね。僕は「うん、まだ内緒だよ」と言いながら、ついに千秋楽の日にロッカーを空っぽにして、退団届を劇団に提出したんです。

即、受け入れてはくれなかったけど、「市村、劇団四季を退団か」とスポーツ新聞が書いたことで、結果的には円満に退団出来た。浅利さんも「市村も四季に長くいたし、ちょっと外の世界も見てみたいというので円満に退団させることを了承しました」って取材に答えていましたしね。

エンジニアがやってきた！

僕は劇団四季にいる時に浅利さんの演出したミラノ版『マダム・バタフライ』を見学に行って、偶然にも、帰りのロンドンで『ミス・サイゴン』の初演を見ているんです。その時、やるならエンジニアだなあと思った。日本でやることになったら、『レ・ミゼラブル』に出演している鹿賀丈史（１９８０年に劇団四季を退団）がやるのかなあ、なんて想像していた。当時はまさか自分でやれるなんて、夢にも思っていなかったんです。

実は、四季を退団しようと決意した時に、頭の中で遠い海の彼方から『ミス・サイゴン』のメロディが流れてきたんですよ。あの時ロンドンで見た『ミス・サイゴン』も神様の仕業だったのか。『オペラ座の怪人』降板を知った衣装さんのポロッ発言も、すべては『ミス・サイゴン』と僕を引き合わせるための伏線だったのかと、今にして思えば納得です。

そして見事合格！　エンジニアの役をつかんだ。

初日から3カ月くらい経って、再び海外スタッフ達が見に来た時のこと。「ミスター・イチムラ、今の半分ぐらいの力で演技をしてくれないか」と言われたことがあった。

最初は意味が分からなかった。「そんなことをしたらテンションが下がってしまう！」と思ったんですが、よくよく聞いたら、公演回数が進んでアンサンブルの演技のテンションが上り、僕の演技がうるさく感じてしまうらしい。なるほど、手を抜くという意味じゃなく、あえて役者が力を半分におさえて、残り半分を観客に想像してもらうようにすることが、いい演技ということなのか、ということを発見した。これは本当に目から鱗だった。

『ミス・サイゴン』は約1年半のロングランで、僕はその約8割に出演したけれど、この〝半分の力〟を知ったからこそ、続けられたんだと思う。

それにしても、この時に手にしたエンジニアという役が、その後30年近くにわたり、まだ僕の持ち役になっているというのは、まさに神様に感謝！

でも、まだ手放すつもりはないよ。

「こんないいものを見たあとは、皆、家に帰ろう」

蜷川幸雄さんと初めてお会いしたのは、１９９４年、師匠の西村晃さんが出ていた舞台『ゴドーを待ちながら』を見に行った時のこと。この舞台の演出をやられていたのが蜷川さんだったんです。当時はもう劇団四季を辞めていたので、スタッフルームで会った蜷川さんが僕に、「今度一緒に何かやろうよ。俺、今、すごくいいもの持ってるよ」と声をかけてくれた。そして5年後に蜷川さんからオファーが来た。作品は『リチャード三世』。「やったー！」と叫んだものの、ふっと何かが僕の足を止めたんだ。迷った！本当に大丈夫なんだろうかと、不安がよぎった。

そんな時、四季時代から共に苦労をしてきた照明家の原田保が「イチにそんな話が来てるんなら俺に任せろ！」と蜷川さんと会う機会をセッティングしてくれた。今はなくなってしまったけれど、千鳥ヶ淵のホテルだった。行くとニカーッとあの爽やかな笑顔で「イッちゃんやろうよ！」と。僕も笑顔で「はい！　やります！」と即決でした。

自分で言うのもなんだけど、この『リチャード三世』がとんでもなく面白く出来ちゃった。僕のリチャードが、蜷川さんの演出が、やたらにカッコいいんです。「びっこで片端《かたわ》なこの俺が」というセリフがあるんだけど、びっこで片端だからこそ軽やかに走れ、風のように、と演出家の声が響く。縦長の舞台装置だったから、舞台奥のほうから風を切るように現れ、そして去っていく。その姿が評判になった。確か、劇団☆新感線のいのうえひでのりさんが見に来た時に、「走ってくるあの姿が、めちゃめちゃカッコ良かったです！」って言ってくれたのが、嬉しかったな。

一幕の最後、リチャードが階段を上がっていく途中で聖書をぽーんと放り投げ、少し振り向いてからニヤッと笑うんですが、「あの笑い方がたまんねえ！」って蜷川さんが言うんですよ。「ずるいイチ！　ずるいイチ！」って。そのリチャードをやった頃から、きっかけは何だったか忘れたけど、蜷川さんのことをニーナって呼ぶようになって。そうしたら蜷川さんも「イチが俺のことをニーナって呼ぶんだよ」って、にこにこしながら奥さんに報告したみたいでね。そのあと大竹しのぶちゃんも蜷川さんをニーナって呼ぶようになりました。

そして『リチャード三世』の初日が開いて数日後、ニーナが「イッちゃんで『ハムレット』をやりたくなっちゃった」って言ってくれたんだ。「だけど、僕はもう50歳ですよ」って言い返したら、「いいんだよ。若く見せる方法を思いついたんだ」なんて言うから、「この年齢でやれるのなら、そりゃあ僕だって『ハムレット』もやってみたい」って思ったんです。結局、この『ハムレット』が妻との出会いにもつながることになるんだから、不思議なものですよね。

市村版『ハムレット』は、非常にシンプルな舞台だった。小劇場の半円形のステージに、有刺鉄線が天井から7本ぶらさがり、数本の灯りがあるだけだった。ステージ自体が客席に囲まれているわけだから、すぐ近くにお客さんの目がある。こんな舞台で一体どうやったら若く見せられるのか、蜷川さんに尋ねたら、にこっと笑って、「イッちゃん！　セリフで勝負だ」と言うんです。それでどうやったら若く見せられるの？　セリフだけって、どういうこと？　って思ったけど、「イッちゃんならそれが出来るよ」なんて根拠なく言ってくれるから、それはそれで、のせられちゃうんだよね。

そこからは必死に食らいついて食らいついて稽古に臨みました。本当にいろんな注文を出されてね。ほとんど気が狂うような稽古が続き、全編、裸足でよれよれの服を着て演技するんだけれど、あの『ハムレット』がやれたことは本当に幸せだった。蜷川さんはよく言っていましたよ。「役者っていうのは、役を生きることが出来るんだぜ。そんな素敵な仕事はないだろう？　だったらくよくよせず、もっと真剣に大胆に激しく役を生きろよ」って。

特に印象に残っているエピソードは二つ。一つは「イチ！　オフィーリアを犯してしまえ」って言われ、好意を持っていた彼女にそんなこと出来るかと思いつつ、ニーナの演出の意図を感じて、「犯すべきかそれが問題だ」と苦悩しながら演じていたこと。もう一つは、二幕でハムレットが母親のガートルードを責める場面の稽古でのこと。ニーナが突然赤い紐を持ってきて、「イチ、これをちょっと使ってみてよ」とけしかけてきたから、その赤い紐をぐるぐると有刺鉄線に絡めていき、セリフを口にしながら、さらに有刺鉄線に絡めていって、最終的には母親の首に巻きつけたりしていたんですよ。そうしたら急に、「稽古は今日はもういいや、帰ろう！」って蜷川さんが言い出した。怒らせちゃったかなと思ったら、その逆で「今日はすっごくいいものを見ちゃった。こんないいものを見たあとは家へ帰るのが一番だ！　今日はこのまま気持ちよく帰ろう」って。

この時は本当に嬉しかった。そう、蜷川さんは役者にそんなことを言ってくれる、心優しい人だったんです。

元の作品を知っている人はみんなズッコケる

劇作家・三好十郎の代表作で、画家ゴッホの激しい人生を描いた『炎の人』。僕は昔、滝沢修さん主演の劇団民藝の舞台をテレビでしか見ていなかったが、いつか自分もゴッホを演じてみたいという気持ちを長年抱いていたんです。２００７年に『氷屋来たる』で演出家の栗山民也さんと初めてご一緒した際、話の流れで次はぜひ『炎の人』をやりたいですって打ち明けたら、２年後にその夢が叶うことになった。

栗山さん演出の『炎の人』は、黄色が印象に残る美しいステージで、そこでヴィンセント・ヴァン・ゴッホの25歳から37歳までの激しい人生を演じた。ゴーガン役の益岡徹さんとはすでに『ART』の初演で共演していて、気心が知れていただけでなく、彼はどこからどう見てもゴーガンそのものだった。ゴッホとゴーガン、画家と画家との個性のぶつかり合いは、益岡徹さんなしには成立しなかったと思う。

僕自身、この時は観客のことをまるっきり考えないで、ゴッホの苦悩だけに集中して演じてましたね。他の作品以上に、役が乗り移っちゃったかのような感覚を味わった。どうしてそんな風に感情移入出来たかというと、ゴッホになりきるために、稽古に入る前から彼の絵を何十枚も模写していたからだと思うんです。

『炎の人』が始まる数カ月前、『ミス・サイゴン』で訪れていた博多で、宿泊先のホテルに油絵の画材を持ち込み、空き時間はずっと模写をしていた。有名な「ひまわり」、精神病院で療養中に描かれた「星月夜」、南フランス・アルルが舞台の「夜のカフェテラス」、バックに浮世絵がある「タンギー爺さん」、そして、左耳を切った「自画像」などなど。実際のところは自分の耳を切った理由は分からないけれども、弟であるテオとの関係や、ゴーガンとの友情が壊れていくことについても、模写しながら、本当にいろいろなことをずっと考えていました。

『炎の人』はとても評判も良くて、開幕直後は客席が満杯ではない日もあったけれど、クチコミでどんどん動員が伸び、チケットが1000枚も出た日まであった。まあそれだけ残っていたんだけどね。そして、ありがたいことに、僕はその年の読売演劇大賞最優秀男優賞と紀伊國屋演劇賞個人賞をいただいた。

２００９年の初演では、モデルのシィヌ役に荻野目慶子さん、２０１１年の再演では富田靖子ちゃん。それから、郵便配達夫役の中嶋しゅうさんを含めて、『炎の人』には若手もベテランも癖のあるすばらしい俳優が集まっていた。だからもう１回、ぜひとも再々演を、全国の旅公演をやりたいねとみんなで言っていたのに、しゅうさんは２０１７年に亡くなってしまいました。

決して大がかりではなく、派手でもないけれど、こういう熱のこもった舞台を、もっともっと全国のみなさんに見てもらいたい。それは僕の切なる願いでもあります。

僕の一人芝居『市村座』は、１９９７年に『市村座 唄う旗揚げ公演』と題して、二子玉川アレーナホールという小さな劇場から始まった。それからほぼ１年に１回のペースで公演してきましたが、一旦お休みをいただいた後、２０１６年には東京芸術劇場からの全国５都市ツアー公演、そしてついに２０１８年は日生劇場での４日５公演と、スケールアップさせてきた。

例えば、日生劇場での演目を挙げていくと、「ご挨拶代わり〜ミュージカルメドレー」

「ミュージカル講談『日生劇場の怪人』」「立体落語『芝浜』」「オランピア劇場のイヴ・モンタン」「俵星玄蕃」「フィナーレ～ウィルコーメン」と盛りだくさんの約3時間。驚く事なかれ、これを全部、本当に一人でやっちゃうんだ。お客さんを劇場からお見送りする頃には、もうヘトヘトですよ。

この『市村座』を旗揚げして、続けてこられた背景には、作・演出の髙平哲郎さんの存在が大きい。ずいぶん前の話だけれど、髙平さんが構成作家を務めていた『今夜は最高！』から出演依頼が来たことがあって、二度も断ってしまった。まだ劇団四季にいた時期で、劇団側がミュージカルのスケジュールを優先させてね。でも、その後、ちょうど四季で『キャッツ』をやっている時期に出演が叶って、僕が演じていたラム・タム・タガーの歌を歌い、あとは『オズの魔法使い』のパロディーなんかをやった。僕はブリキ男でタモリさんがカカシ、富田靖子ちゃんがドロシーだったな。

その髙平さんが1995年の『SHE LOVES ME』名古屋公演を見に来てくれた時、〝市村は二枚目っぽいのだけじゃなく、コメディーもやれるから、こいつをおもちゃにしたら面白い〟とどうやら思ったらしくて。すぐに、『市村座』という一人芝居をやらないか、歌はもちろん、落語とか講談も入れてさ、と誘ってくれた。

『市村座』では、本当にいろいろやったね。江戸落語の「たらちね」を『マイ・フェア・レディ』のメロディーに乗せたミュージカル落語にしたり、『ああ無情　レ・ミゼラブル』だったら、ジャン・バルジャン版とエポニーヌ版を音楽講談にしたり。『一人ウエストサイド物語』では、プロローグを全部一人で踊るんだけど、これは大変だったよ。プロローグだけで息が上がっちゃう。並の人間のやることではなかったね。

パルコ劇場でやった時の『市村座の怪人』も傑作だったな。これは『オペラ座の怪人』の音楽に限りなく近いんだけど、似ているようで似ていないから、元の作品を知っている人はみんなズッコケるという。もちろん台本は髙平さんが書いて、クリスティーヌは苗字が栗栖で、名前がちぬ。マスクは能面を半分にしたもの、バラの花ではなく菊、ボートも日本風の小舟、シャンデリアは釣り鐘。もう、髙平さんはやりすぎ。

『今夜は最高！』が終わってからは、タモリさんはほとんど司会業になっちゃって、髙平さんが遊べる俳優、おもちゃがいなくなっていたんだね。きっとそれで、僕に白羽の矢が立ったんだと思う。

最近は僕がアイデアを出すというか、やりたいものを提案し、髙平さんに台本化してもらっている。次の市村座の予定は今はまだ決まっていないけど。髙平さんが言うには次の落語は『死神』しかないだろうって。僕は付き人時代に西村さんのミュージカル『死神』を見ているんで、これまた縁を感じているところです。

第3章　素敵な演劇人と出会えて

『ラ・カージュ・オ・フォール』（写真提供／東宝演劇部）

蜷川幸雄さんと彩の国さいたま芸術劇場にて（写真提供／著者）

チャーミングな師匠――西村晃

舞台芸術学院で演技を教えていただき、付き人を3年務めさせていただいた西村晃さんは本当に魅力的な、尊敬する役者でした。

身体は小柄でも存在感があり、とてもお洒落で、好奇心が非常に旺盛で、そして、いつもいたずらっ子みたいな目をしていた。チャーミングという表現が適切かどうか分からないけれど、とても人を惹きつける演技をされる方だったんです。舞台の世界で名を上げるまで、ご本人の下積み時代が長かったこともあってか、演劇に対する姿勢が〝職人気質〟そのもの。僕は心からそれを学びたいと思っていました。そういえば、西村さんと三國連太郎さんと小沢昭一さんの3人が、舞台の話を楽屋で楽しそうにされている場にいたことがあって、あの日の、みなさんのキラキラした眼差しは忘れられないな。

『悪い奴ほどよく眠る』が特に有名ですが、他にも黒澤明監督の映画を見ているとしょっちゅう西村さんが出て来るんですよ。とてもいい役が多くて、いつもなんだかパキッとしている。ただの芝居の巧さというよりも、役の想いが感じられる演技というのかな。その映像がしっかり残っていて、いつでも見て勉強出来るというのは、本当に貴重ですね。

その西村さんが作るインスタントコーヒーが、なぜかすごく美味しいんですよ。ロケ先でよくやっていたんですけど、作り方にコツがあるみたいでね。インスタントコーヒーなんて、ただお湯を入れるだけだけど、西村さんはパウダー状のクリームと一緒にカップに入れたら、ちょびちょびと少しだけお湯を注いでしばらく練るんですよ。まるで、お茶をたてるみたいにして、練ったらお湯を足し、また混ぜて少しお湯を足して。そうやって出来たコーヒーは、ちょっとインスタントじゃ味わえない美味しさが感じられたんです。納豆と一緒で、かき混ぜればかき混ぜるほど美味しくなるというか、つまり手間をかけるってことなんだろうね。実際のところは同じ味なのかもしれないけれども、少しずつお湯を足していっている間に脳が美味しく感じるようになるのかもしれない。

西村さんは、芝居以外でも、人生の一瞬一瞬を楽しもうとした人でした。渋谷のNHKで大河ドラマの撮影があったのですが、空き時間があるたび、近くの宮下公園まで出かけていた。当時はあのあたりで、政治的な集会をよくやっていたから、そういう集会とかに参加するのも、大好きだった。車のトランクにはいつもローラースケートが入っていたし、信号待ちで停止していると「イッちゃん、都会の菜の花が咲いてるよ」と言うので見ると、駐停車禁止の黄色い線だったり。

付き人を辞めてからも、僕は西村さんの出ている芝居を見に行きましたし、西村さんも僕の芝居を何度も見に来てくれました。それから、いろいろな雑誌で師弟対談みたいな取材をやったりもしたしね。そういえば『ドレッサー』をイッちゃんとやりたいなあ、と言ってくれたのが嬉しかった。今ならやれたのに。悔しい！

ご自宅にもよく遊びに行きましたが、ちょうど先生が『水戸黄門』をやっていた頃で、「イッちゃん、僕もゴルフをやるようになったんだよ」って、ニコニコ話されていたなあ。背が小さいからって、クラブをちょっと短く切ってもらったら、打つと必ず右にスライスしてしまうらしく、そのたびに「なぜだ！」って黄門声で叫ぶんだそうです。そんな話を聞かせてもらっては、一緒になって大笑いしましたね。

僕が付き人を辞める時に、西村さんから「正道を歩めよ」という言葉をいただきました。当時は、僕にはこの〝正道〟という言葉の意味が分からなかったのですが、今は少し分かる気がします。自分が信じ、がむしゃらに頑張ってきたこの道、つまり僕にとっては、舞台そのものが〝正道〟であったと。

無限のアンテナ――浅利慶太

劇団四季の浅利慶太さんによくほめられたのは、僕は自分の長所短所をきちんと分かっていて、それを素直に口に出せるところ。自己観察が出来るかどうかというのは、とても大事なことなんだとおっしゃっていましたね。それは同時に恥をかくことでもあったりするんだけど。

稽古場という場所は、ある種痛い思いはしますが、そこで演出家にダメ出しされたことに傷つく必要はないんです。乗り越えようとする気持ちさえあれば、演出家は役者をもっともっと良くしようと思って言ってくれるんですから。これだけきつい千本ノックが来るのは俺をもっともっと良くしようと思っているんだと思ったほうがいい。人が見ている前でダメ出しされるのは嫌だとか、主役級が若い人たちの前で言われるとプライドが傷つくとか言う人もいるけど、そんなプライドなんか必要ないんですよ。演出家は作品を、役者を、良くしようとしか考えてないんです。

四季にいる間は、僕は常に演出家の目の前、一番唾の飛ぶようなところに座ってダメ出しを聞いていました。浅利さんも言っていましたよ、「後ろのほうで隠れてるやつ、俺のダメ出しが要らないのなら稽古場から出ていけ」って。僕なんか、他人へのダメ出しまで頂いてました。なんせタダですから。「あの人へのダメ出しは、俺にもあり得ることだ」って、視点を変えて考えるんです。「自分へのダメ出しがなくて良かった」なんて思っていちゃ、それこそダメなんですよ。もちろん、僕自身にもよく千本ノックが飛んで来ていましたよ。まあ、よく頂いたなあ～、タダで。

ある時、スタッフが顔を真っ赤にして怒っていたんです。「なんでそんなカッカしてるんだ」って聞くと、「俺は１００パーセントのエネルギーでやってるのにそれを認めてくれないんだ」って。僕は言ったね。「１００パーセント!? おいおい！ 相手はあの浅利さんだぜ。何本アンテナを持ってると思ってんだよ。僕たちはせいぜい10本あるかないかだろ！ 浅利さんは少なくとも１００本は持ってるよ。そんな人にカッカしてるよりは１本でも多くアンテナを増やさないと」。

浅利さんには、劇団四季に在団していた17年の間に人間形成をしてもらったと僕は思っています。在団中の後半には〝劇団四季に市村あり〟なんて言っていただいていた時代もありましたが、そうなるとつい鼻高々になってしまうもの。すると浅利さんは、ちゃんと正常な鼻に戻すための修正もしてくれていましたから。バーに呼び出されて、お説教されたことは一度や二度じゃありませんよ。パワハラ？ とんでもない。おかげさまでここまで来ることが出来ました。

浅利さんに言われた言葉の中で、印象深いのが、「演技とは蓮の上の水滴のようなものだ」ということ。最初は、どういう意味なのかちんぷんかんぷんでした。蓮の上の水滴って水銀のようにキラキラと光って、常に動いていますよね。演技とはそういうものだと言われたわけだけど、どういう意味なのか、今は僕なりにその答えを見つけたつもりではいます。でも、その答えを口に出すと、答えが一つに限られてしまう。この言葉については、浅利さんの教え子がそれぞれ自分なりの答えを見つけなければいけないと思うんです。だから、僕が出した答えは心の中にしまっておくことにします。

他にも、浅利さんはいろいろな言葉を残してくれましたが、僕が気に入っているのは、「男優は常に女優の半歩後ろにいろ」ってこと。女優さんの前に出たがる俳優さんも多いけど、それではお互いの気持ちがやっぱりうまくいかないんです。あとは「役をきちんと生きることが出来れば、役の仮面が透けてその中から役者の顔が見える」って言葉も好きだった。つまり、自分自身を見せようとするのではなく、役を生きる。そうすれば自然に役者の顔は見えてくるということ。これも深いな。

浅利さんには、どうやっても敵わない。退団で袂を分かつことになりましたが、今もやっぱり尊敬しているんですよ。

ミュージカル作りの職人 ―― ハロルド・プリンス

　プリンスと知り合ったのは、僕が38歳で『オペラ座の怪人』のオーディションを受けた時だから、もう30年以上も前の話になるね。彼がこの間、91歳で逝ってしまうまで、本当に長い付き合いでした。

　彼がファントムに選んでくれなければ、僕のその後の人生はずいぶん違ったものになっていたに違いない。

『オペラ座の怪人』の他も、１９８２年の『エビータ』、１９９６年の『蜘蛛女のキス』を一緒にやり、彼の作品の日本版、１９９３年の『キャバレー』と１９９５年の『SHE LOVES ME』、２００４年の『屋根の上のヴァイオリン弾き』、そして２００７年の『スウィーニー・トッド』に出演。２０１５年の『プリンス・オブ・ブロードウェイ』ではプリンスの声を僕が担当していたので、そのことをすごく喜んでくれました。彼が手がけた作品にここまで出ている日本の役者は、僕だけじゃないかな。会えばすぐに舞台の話になって、テレビの取材でニューヨークの彼の事務所に行った時も、カメラの前なのに時間も気にせず、ずっと仕事の話をしてましたね。

プリンスは、まさに〝ミュージカル作りの職人〟でした。

これは本人も言っていたことだけど、人がやりたがらない、ミュージカルになりそうもない作品をミュージカルにするのが好きだったみたい。

例えば、『キャバレー』もそうだし、『蜘蛛女のキス』もそう。『スウィーニー・トッド』なんて、あんな怖い話をよくミュージカルにしようとしたね。『オペラ座の怪人』だって、ガストン・ルルーの小説をあんな風にミュージカルにするなんて、プリンス以外にはきっと思いつかない。

〝ミュージカル作りの職人〟と言ったけど、彼にはちょっと日本の宮大工みたいな雰囲気がある。「俺の芝居では釘を使わないよ」、「普通なら釘を使わなくちゃ作れないものでも木組みでやるよ」みたいな、そういうカッコよさがあるんだ。原石を見つけて、それを最低限の技法で細工して、立派な宝石に仕上げる。

〝職人〟って意味では、蜷川さんも一緒なんだけど、蜷川さんは逆に「俺は、なんでも使っちゃうよ」っていうタイプなんだけどね。「芝居が面白くなるんだったら、もうなんでも俺は使うよ」って。ホント、カッコいい人たちだよ。

結局は、『プリンス・オブ・ブロードウェイ』で来日した時が最後になってしまったな。たくさん笑い、美味しいものを食べ、ミュージカルの話をしたあの時は、決して忘れることはないでしょう。
ハル！　あんたがいないとさびしいよ。

シャイな音楽家――アンドリュー・ロイド・ウェバー

実際に本人にお会いするのは1988年の『オペラ座の怪人』の初演の時になるんだけど、よく考えると、僕は『イエス・キリスト＝スーパースター』のオーディションの時にアンドリュー・ロイド・ウェバーの音楽の洗礼を受けていたことになる。

イエスの最後の7日間を描いたこのロックミュージカルは、語りのセリフはなく、全編楽曲と歌のみの、まさに現代のオペラ。初めてレコードに針を落とした時の驚きは忘れられないね。音楽だけでこんなにガツン、ガーン、ドシンとやられたのは、生まれて初めてだった。

『オペラ座の怪人』の初演の時には、プロデューサーのキャメロン・マッキントッシュからハロルド・プリンス、舞台装置家のマリア・ビョルンソンなど、オリジナルのスタッフ陣がみんな来日していた。そして、ロイド・ウェバーもステージに上がってくれたんです。彼と実際に会ったのは、そのもう少し前で、ファントム役に決まった僕がブロードウェイに『オペラ座の怪人』のオープニングを見に行った時、客席でうろうろしていた彼を見つけたんだ。遠慮せずに近づいていって、「I'm Japanese Phantom! Nice to meet you!」なんて、図々しく握手を求めたりしてね。

これまでにロイド・ウェバーが音楽を作ったミュージカルには、『イエス・キリスト＝スーパースター』、『エビータ』、『キャッツ』、『オペラ座の怪人』、そして『ラブ・ネバー・ダイ』と、僕は5本出ていますね。

ロイド・ウェバーって方は、基本的にはシャイな人ですよ。自分は音楽で勝負をするわけだから、作品自体は演出家に任せていて、ほとんど口出しはしない。でも、2014年に『オペラ座の怪人』の続編にあたる『ラブ・ネバー・ダイ』を日生劇場でやった時は、来日してくれた彼が珍しく、日本版キャストの僕らに「とにかく思いをこめて作っているから、1回1回を丁寧に歌ってくれ」とアドバイスをしてくれたんです。しかも、リハーサルを見た後に「曲を変えたい」と彼が申し出て、一晩かけてオケの譜面を書き変えるという思わぬハプニングもあった。作品をもっと良くしたいという思いは、僕らと同じなんだね。

プリンスにしても、ロイド・ウェバーにしても、マッキントッシュにしても、みんな世界的にすごい人たちばかりだ。僕はあくまでも役者として、彼らの仕事に参加しているだけなんだけど、その素晴らしい作品に関われたことは、心から幸せだと思う。

ダメ出しするの、大好き　――蜷川幸雄

「俺、イッちゃんにダメ出しするの、大好きなんだ。だってへこまないんだもん」

蜷川さんに、よくこう言われていました。そりゃそうですよ、僕はニーナのダメ出しを心から頼りにしていたんだから。

西村晃さんの付き人をやらせていただいて、劇団四季で17年間、浅利さんのもとで鍛えてもらってもいたわけなので、僕としては、外の世界に出ても7割は通用すると思っていたんです。それが蜷川さんと出会って、また新しい役者、市村正親を100パーセント作ってくれたんだよ。『リチャード三世』と出会い、ニーナと創り上げたことで長ゼリフが恐くなくなった。恐いどころか大好きになった。蜷川さんが新しいものを構築してくれた感覚があるんです。今までとは違う芸風が作れたというか。

蜷川さんは本当に、僕にダメ出しするたびに「嬉しいね。楽しく受け入れてくれるイッちゃん」って笑っていました。蜷川さんって、元は役者だったじゃないですか。だから、よく言っていましたよ、「俺は大した役者じゃなかった」って。でも逆に言うと、自

分が出来ないからこそ、こうだったらいいというものを作れる客観的な目を持っていたんじゃないかと思いますね。

『リチャード三世』の中盤、リチャードが皇太子エドワードの未亡人アンを口説く場面で、「あなたが美しいからこそ、私はこうなったんだ」みたいな長いセリフがあった。そうしたら、蜷川さんは「イッちゃんはうまいよな、口説き方が」なんて言い出すんですよ。いやいや俺がうまいわけじゃない、ただリチャードのセリフをそのまま言っているだけじゃないですかって言ったんだけど。「その言い方がずるいんだよ」って、僕を茶化す。ああいう時に蜷川さんって、ものすごく嬉しそうな顔をするんだよね。

１９９９年の『リチャード三世』、２００１年の『ハムレット』、そして２００３年の『ペリクリーズ』と『リチャード三世』再演と続いてから、その次に蜷川さんとお仕事したのが２０１５年の『ＮＩＮＡＧＡＷＡ・マクベス』だった。蜷川さんの芝居はその間もずっと見に行ったりしていたんだけれども、しばらく仕事はしていなかったんだよね。

『ＮＩＮＡＧＡＷＡ・マクベス』をやるきっかけになったのは、２０１４年に僕が胃がんになったことを蜷川さんに報告した電話だった。受話器の向こうで、驚きながらも「俺もいっぱい身体にメスが入ってるんだ。でもメスが入れば入るほど、また新しいアイデアが湧いてくる。だからイッちゃんもがんを克服したら何か生まれるはずだ、俺はそれを楽しみにしてるよ」って言ってくれて。僕も調子がいいから「そうですね、もしかしたらマクベスの『明日、また明日、また明日』ってセリフが言えちゃうかもしれませんね」なんて軽く返したんです。すると、結局、僕が無事に退院してから、『NINAGAWA・マクベス』のお話が来ることになった。

「明日、また明日、また明日」というのは、『マクベス』の第五幕第五場で、夫人が亡くなったことを知ったマクベスが人生の無意味さを語る、有名な「トゥモロー・スピーチ」という独白。想像でしかないけれど、電話を差し上げた時点で、ひさしぶりの再演となる『NINAGAWA・マクベス』のキャスティングはまだ決まっていなかったんだと思う。僕がそのセリフを口にしたことがきっかけで、蜷川さんが「イチにマクベスをやらせよう」と思ってくれたんじゃないかな。

夫人役に田中裕子さんを迎えて、新しい『NINAGAWA・マクベス』が、僕にとって蜷川さんとの最後の仕事になった。蜷川さんは香港で倒れて、鼻に管を入れての稽古でした。それでも的確なダメ出しで僕をどんどん『NINAGAWA・マクベス』へと近づけてくれた。あまりに膨大なダメ出しの量に「ごめんなさい。今日は無理です。明日まで待ってください」と言ったら嬉しそうに「待ってるよ」だって。今思えばあの時のダメ出しが僕にとっての遺言になってしまったけど、いつもいつもニーナだったらどんな風に考えるかなあと、今でも心の中でダメ出しをしてくれているんだ。

この作品は、2017年の香港を皮切りに、イギリスのロンドンとプリマス、シンガポール、そしてニューヨークでも公演されたんだけど、その間も何となくずっと、天国の蜷川さんから指示を受けているような、そんな気がしていたね。

最後には、みんな幸せな気持ちになれる——三谷幸喜

人気の劇作家で演出家、映画監督でもある三谷幸喜さんとは、舞台作品では今のところ2002年の『You Are The Top〜今宵の君』しか仕事をしていないけれど、とても仲良くさせていただいています。だって、僕は三谷さんと血液型が一緒で、干支が一回り違いで一緒、そしてお互いに一人っ子。だからいつも考えていることが分かるんですよ。どこか、似ているところがある。非常に好奇心が強いところも一緒ですしね。映画『ステキな金縛り』やドラマ『古畑任三郎』をはじめとして、映像作品にもよく呼んでいただいています。

三谷さんの書くお芝居は好きでよく見に行くんだけど、悪い人がぜんぜん出てこない

んだよね。悪いことをしようとしても大抵失敗するし。そして最後には、みんな幸せな気持ちになれるんだ。

２００2年の『You Are The Top』は、僕を当て書き（その役を演じる俳優を決めてから脚本を書くこと）してくれた脚本でした。亡くなった女性歌手の追悼曲を作ろうと、かつてコンビを組んでいた作詞家役の僕と作曲家役の浅野和之さんが再会するが、それぞれお互いが知らない彼女の過去を語りだすという、とっても面白そうな大人の恋のお話。実は作曲家役はもともと鹿賀丈史だったんだけど、体調を崩して初日の1週間前に降板。もちろん中止という話もあった。でも、僕はこんな面白い芝居を絶対に止めたくなかったから、代役を探そうって、三谷さんに提案したの。舞台は〝Show must go on〟でしょ。代役を引き受けてくれた元夢の遊眠社の浅野和之さんが本当に頑張ってくれて、初日の予定日から4日後、無事に舞台は幕を開けた。最後は、ものすごいスタンディングオベーションだったよ。

このアクシデントを気にしてくれたのか、三谷さんは「また改めて市村さんのために必ず一人芝居を書きますね」って言ってくれていたはずなんだけれど……。あれからもう随分たつなあ。「そんなに早く書いたらもったいない。絶対書きますから。アイデアはあるんです！」なんて言い訳してたし。でも確かに、あまり早く願いが叶ってしまったら、夢はそこで終わってしまうからね。三谷さんが書いてくれるまで、そしてその芝居をやり終えないことには僕も死ねないので。

ということは、三谷さんがなかなか書いてくれないのは、僕を長く生かしておこうと思ってのことなのかもしれないな。

繊細なセリフの演出家――栗山民也

栗山民也さんという演出家は、世の中に本当にいろいろな芝居がある中で、なかなか他の人がやらなさそうな作品を手掛けてくれるような方でね。

僕との初めての作品『氷屋来たる』は、ノーベル文学賞作家ユージン・オニールの自伝的な作品で、栗山さんが当時演劇芸術監督を務められていた新国立劇場の小劇場で幕を開けた。舞台装置もとっても素敵だったし、岡本健一さんをはじめ、キャストがすごく豪華でしたしね。

栗山さんという本当に信頼出来る演出家のもとで、非常にセリフの多いヒッキー役をやらせていただけたというのは、僕としてはとてもありがたい経験になった。稽古場で、セリフの一言一言に精細な指示をいただいたことで、ヒッキーという役をさらに血の通ったものに仕上げられたんじゃないかな。いつも思うけど、栗山さんほどセリフの機微に気を配る演出家は、ほかになかなかいないと思う。

最後の幕に20分くらい一人でしゃべる場面があったので、このセリフの量を自分が覚えられるかどうか、実を言うとちょっと心配だったんだ。でも、よく考えたら一人芝居『クリスマス・キャロル』よりは少ないじゃないかと思い直して、とにかく頑張ったね。最終的にはちゃんと覚えられましたけど。

ぜひまた何か一緒にやりたいよねという話になった時に、僕が『炎の人』をやりたいんだと打ち明けた。そして再び栗山さんとご一緒出来た。僕からやりたい作品を演出家に提案するというのはなかなかないことだったし、あの時の稽古も本当に幸せだった。あのタイミングで、栗山さんと『炎の人』が上演出来たことも、まさに神様の采配だったと思うよ。

他にも、武田真治と共演した『ロックンロール』、井上ひさしさんの戯曲『それからのブンとフン』と、栗山さんとは一風変わった、でも素晴らしい作品をご一緒している。ぜひ、また、セリフ多めの役をお願いします。

ついにダブルキャスト――鹿賀丈史

鹿賀丈史と初めて会ったのは『イエス・キリスト＝スーパースター』で、当時彼は劇団四季の研究生、僕は外からのオーディション組の人間だった。年齢は僕が1歳上だけれど、丈史はどこから見ても、まさに主役のイエス様だなという印象でした。ちなみに僕がヘロデと群衆だったことは、ご存知ですよね。

劇団四季で丈史と共演した演目を挙げていくと……『ウエストサイド物語』で、丈史が主役のトニーをやり、僕が脇役のベイビー・ジョーン。『ヴェローナの恋人たち』でも、主役は丈史と細川俊之さんで僕は脇役のチューリオ。『雪ん子』では丈史が人さらいで僕は子どもの中のリーダーみたいな役。『ブレーメンの音楽隊』では、丈史がロバをやって、僕は犬。『青い鳥』では、丈史は火の精霊で僕が主役のチルチル。『ヴェニスの商人』では、丈史がバサーニオで僕がランスロット。『カッコーの巣をこえて』では丈史が主役で僕は患者のビリー・ビビット。『リトル・ナイト・ミュージック』では、お互いがそこそこ脇役で、主役は越路吹雪さん。そして、１９７９年の『ジーザス・クライスト＝スーパースター』を最後に、丈史は四季を去って行く。

僕は1990年に四季を辞めたんだけど、結局、丈史と舞台で再び共演出来たのは、それから15年後の2005年、イギリスの新作戯曲『デモクラシー』だった。1979年の『ジーザス・クライスト＝スーパースター』から数えると、実に26年ぶり。本当は、三谷さんの『You Are The Top』で23年ぶりに共演を果たす予定だったけど。さらに『ペテン師と詐欺師』、『ラ・カージュ・オ・フォール』と、共演は続くことに。

すべてがそうとは言い切れないけど、丈史と僕の共演作は劇団四季の頃から大概、丈史が主役で僕がその次なんです。それが最近、様子が変わってきた。

『ラブ・ネバー・ダイ』では、ついにダブルキャストですよ。これはファントムの10年後の物語だったので、そういう意味では僕のほうがファントム俳優としては先輩になるわけじゃないですか。さらに『生きる』でも、ダブルキャストで同じ渡辺勘治役。この何十年の間に僕も修羅場を生きてきたからか、彼と同じ役でダブルキャストが組めるようになったというのは、正直嬉しいね。だって僕は四季にいた頃から、鹿賀丈史の大ファンだったんですから。

彼は僕にないものをたくさん持っていて、特にあの甘い歌声、あのコミカルな演技、あのでかい口に憧れましたよ。だけど羨ましがってばかりもいられない。僕には僕の持ち味があるし。つまり丈史の大技とは違って、こっちは小技を極めた男ですからね。

ちなみに、丈史は僕の芝居を一切見ないんだけど、僕は丈史の芝居を見て、自分の役がどう見えているのかを確認し、良いところはどんどん盗むタイプ。そういう点でもまったく違う二人なので、本当に面白いですよ。これからも末永く生きようぜ！

砂場の舞台美術家――金森馨

僕はもともと付き人出身だから、美術、照明、音響などの裏方、制作スタッフのみなさんのほうにより親しみを感じることが多いんだ。どんな舞台でも、繰り広げられる物語を印象づけて、役者の芝居を輝かせるためには、彼らの仕事が重要になってくる。

そういう意味で、劇団四季に入った当初から、僕は舞台美術家、金森馨さんが作り上げる衣装デザインや舞台装置などがずっと好きで、驚かされてきた。

金森さんが美術を担当された『イエス・キリスト＝スーパースター』でヘロデ役をやった時は、僕は刺青にふんどしをつけて地下足袋を履き、頭はアフロヘアで、大見得を切りながら人力車に乗って、花魁を抱えて出てくる。とにかく、すごいのなんの、中野サンプラザの観客は圧倒されてたよ。あの時の衣装にしろ、舞台美術にしろ、まさに金森さんならではの遊び心が満載だったと思います。そうそう、砂漠バージョンのヘロデ王のアクセサリーを、二人で原宿へ見つけに行ったのも、楽しく貴重な思い出です。

金森さんが作り出す舞台装置は、『ヴェローナの恋人たち』も『雪ん子』も『エクウス』も、みんな僕にとっては〝砂場〟みたいなイメージでした。砂場があれば、子どもはいつまでも自由に遊んでいられるでしょう。そういう感じがするんです。そこに身を置くと、そのままずっといたくなっちゃう。『かもめ』の時は舞台の上に5つも湖があったり、『トロイ戦争は起こらないだろう』の時には傾斜した舞台の中央にドーンと大きな兵隊の足があったり、見た目としてすごいだけじゃなく、そこで芝居をする役者の心まで刺激するんですよ。

昔はステージ上の背景画を描くのが美術の仕事だったんだけど、金森さんや朝倉摂さんの登場によって、作品の演出に沿った〝芝居をする空間〟が作られるようになった。それは革命だったと思う。

1980年の『エレファントマン』が金森さんとの最後の仕事になったんだけれど、ニューヨークで見た『エレファントマン』は小さい劇場だったのが、日本公演は日生劇場で、さらに大がかりなものになっていた。舞台の奥に、磨りガラスがはめ込まれたような大きな屋根があって、その屋根が動いたり、屋根の後ろに人がいると影が映るようになっていたり、よく見ると西洋の棺のような形が浮かび上がって来たり……。主人公メリックを演じていた僕は、あの大きな屋根の下でまた遊ばせてもらっていました。

その金森さんも僕と同じ胃がんで逝ってしまった。今の時代だったら助かっていただろうに。そうしたらもっと面白い砂場を作ってくれただろうにと、本当に悔しい！

『エレファントマン』の舞台稽古の時は痛みのため、客席の通路にロッキングチェアを出し、それに横たわって指示を出していた。金森さんが「イチはエレファントマンのセリフの言い方（クセのあるしゃべり口調）は良いが、彼が正常になった時のセリフは下手だな！」と言ってくれたのが、僕への最後の言葉になった。金森さん、ありがとね。風呂のない時代から面倒見てくれて、今は奥さんにずっと面倒見てもらってるよ！

もっともっと、金森さんの〝砂場〟で遊ばせてもらいたかったな。

教わったのはバレエだけじゃない　――小川亜矢子

付き人時代から師事していた、小川亜矢子バレエスタジオの亜矢子先生には、本当にいろいろなことを教わりました。

先生は、日本人として初めてイギリスのロイヤル・バレエ・スクールに留学して、アメリカのメトロポリタン・オペラ・バレエでも活躍された、とにかくすごいバレエダンサーだった。偶然にもそんな亜矢子先生のレッスンを受けられて、その縁で劇団四季にも入団出来たんだから、僕はラッキーだったんだと思います。

亜矢子先生が『リトル・ナイト・ミュージック』を見に来てくれた時、日生劇場は大きいからと、僕が身振りや声の大きなお芝居をしていたら、「お客様に分からせようと思ってお芝居をしていたでしょう?」って指摘されたんです。そして、「それよりも心で思ってお芝居をするほうが伝わるのよ。トゥーマッチ（過度）な芝居をすると、そこに気を取られてしまう。お客様はバカじゃないの、お金を払って想像力を働かせて見に来てくれているんですからね」と。先生の言葉にハッとさせられて、その時から、僕は芝居の表現が変わったように思います。

バレエは当然ながら、お酒を教わったのも亜矢子先生。いつもスタジオの生徒を集めては、ご自宅でパーティーを開いてくれたんですよ。世界的なダンサーだから、どんな立派なおうちにお住まいかと想像していたら、当時独身だった先生の家は2DKぐらいのアパートで、そこに若い生徒たちが大勢集まって酒盛りが始まる。先生の手料理もいただいたりしてね。夜遅くなると、女の子は泊めてもらえるんだけど、男の子は帰りなさいって言われて、すでに終電も過ぎていたから、僕はよく恵比寿駅の西口にあった公園で寝ていましたよ。

ある時、先生から「読まなくってもいいから、マルクスの『資本論』ぐらいはカバンに入れておきなさい」と言われたの。勉強しなさいってことならまだ分かるけど、「読まなくってもいいから」って、意味不明だよね。でも、それが役に立った。

付き人の頃、飲み過ぎて終電に乗れず、いつものように公園で寝ていた時、おまわりさんに起こされて、「君、何してんの？　ちょっとカバンの中を見せてもらえるかな」と職務質問された。慌ててカバンを見せると、『資本論』が入っているわけじゃないですか。「君はこういう本を読んでいるのか。だったら、公園なんかで寝てちゃダメだよ。そろそろ電車も走っているから帰りなさい」って、妙に丁寧に対応してもらえた。

亜矢子先生の教えが、まさかそんなところで役に立つとはね。

芸の父と芸の母——島田正吾、山田五十鈴

僕が初めてお会いした時、島田正吾さんはすでに89歳だったんです。『白野弁十郎』という一人芝居を新橋演舞場でやられていてね、4日間の4回公演で。普段なら女子トイレが行列になるところを、島田先生の一人芝居の時には、男子トイレが満室で長蛇の列になっちゃう。

島田先生の舞台は1年に1本、夏にやるのが恒例で、最後にカーテンコールとしていつもご挨拶をなさるんだけど、『殺陣師段平』の時は「1年に1度の一人芝居、今年はだめかだめかと思いましたが……なせばなる」って、ゆっくりとした口調でおっしゃって。なんか、いいでしょう、その雰囲気。「この歳になると、いつまで芝居が出来るのか。この間、99歳でやれる一人芝居がないものかと考えたところ、ありました。でも今は言いません」って、さらっと話された島田先生に、僕は思わず唸ってしまった。楽屋にご挨拶に行くと、「君ね、こんな芝居を一人でやるもんじゃないよ」なんて言いながら、いつも楽しげにされていましたよ。

そんな島田先生のことを、僕は「芸の父」とお慕い申し上げていた。

ある時、三越劇場で山川静夫さんが企画している舞台のトークショーがあって、そこで島田さんと僕で何かやってくれないかと頼まれたことがあった。それで島田先生は『白野弁十郎』の大詰めのくだりを一人芝居でやって、僕も負けじと『市村座』でやっていた『音楽講談　ああ無情　レ・ミゼラブル』を披露したんです。ちなみにこれ、コゼットから、テナルディエ、ジャン・バルジャンまで全部の役を一人でやる。結構、楽しいんですよ。トークショーでは、島田先生が突然、「市村君、僕が教えるから君が忠治をやりなさい」と言い出して、僕が「赤城の山も今宵限り……」ってセリフを言い始めると、「違う違う、もっとたっぷり、セリフは歌って、歌は語れ」って、直接指導していただいた。あれは貴重な体験だったな。

僕の「芸の父」がその島田正吾さんなら、「芸の母」は山田五十鈴さん。ひょんなことから知り合いになり、酒を飲んだり芝居の話をしたり。でもこの山田五十鈴という女優、世界にこんなすごい女優は一人だぜ！　もし僕が女優だったら、最も尊敬する女優であり、女性だったなあ。「あんたはすごすぎる！」と、本当に思う。朗読劇だけじゃなく、まともにぶつかって芝居をしてみたかった。僕は「役者としてのおっかさん」だと思っていたんです。

島田先生と同じく、山田先生も三越劇場で共演させていただいて、トークや朗読劇のようなものをやらせてもらったんですが、なんといっても大変だったのは、三味線の演奏をご一緒するところ。ドラマ『新・必殺仕事人』の元締め、おりく役ではその撥《ばち》で悪人たちの首を斬っていらっしゃいましたが、もともと山田先生は三味線の達人でしたから、万が一にも粗相があってはいけないと、僕は何カ月も前から一生懸命練習したんです。本番も緊張のしっぱなしで……。その稽古の中で、先生にはとても優しく接していただきましたが、さすが昭和を生き抜いてきた大女優だけあって、笑顔の奥の、鋭い瞳が印象に強く残っています。

そのご縁で、岡本かの子の『老妓抄』とチェーホフの『桜の園』という二つの朗読劇で山田先生と同じ舞台に立たせていただいたことが、自分にとってはとても大きな財産になったなと思っているんです。憧れのおっかさんと共演して、わずかなセリフのやりとりが出来ただけでも嬉しかった。

その後、島田先生は２００４年に98歳で、山田先生は２０１２年に95歳で逝ってしまったのですが、今でもお二人が僕の「芸の父」と「芸の母」であることは変わりません。僕はいつも楽屋に家族の写真を持ち込んでいるのですが、そこには島田先生と山田先生の写真もあるんです。今日の舞台も見守って下さいと。

お二人の年齢まで芝居を続けられるよう、僕は頑張りますね。

もっとこっちの世界にいてほしかった ——十八代目中村勘三郎

それにしても十八代目中村勘三郎さんほどすごい役者はいなかったな！

勘三郎さんは僕より６つ年下で、お互いに30代の頃（当時は五代目中村勘九郎）からの付き合いなんだけど、ちょうど四季を辞めて半年ぐらいのブランクの間に彼の歌舞伎をよく見るようになって、さらに親しくなったんだ。しょっちゅう歌舞伎を見に行っては、ぱぱっと彼の楽屋に顔を出し、ぱぱっと言いたいことだけ言って帰っていきました。彼と対談をした時にも、「市村さんは楽屋に来て言いたいことだけ言ったら、風のようにいなくなるからいいよね」って言ってくれてね。「だって楽屋に長居されるの嫌でしょ」って返したら、「そうなんだよ」って笑ってた。僕も役者だから、気持ちがよく分かるんですよ。

そうそう、どこかで噂を聞きつけたのか、彼から「イッちゃん、涼子ちゃんと結婚するんだって？」って電話がかかってきた時は、すぐに言葉が出てこなくて、照れ隠しで「ざまあみろ、うらやましいだろ」なんて言っちゃったんですよ。そうしたら電話の向こうで「おい、イッちゃん、ざまあみろなんて言ってるぞ！」って大騒ぎされちゃったけどね。

２００１年に野田秀樹さんが脚本・演出の新作歌舞伎『野田版　研辰の討たれ』を初めて見た時は、その感動を胸に秘めたままで一杯飲みに行きたくなってしまって、逆に楽屋には行かなかったんだ。この同じ時代に生まれて、この舞台を見ることが出来て本当に良かったと思ったから。

でも、その想いだけは伝えたかったんで、野田秀樹さんと勘三郎さんにあてて手紙を書いたの。「今日の芝居は、アルバトロスの芝居だった、イーグルじゃないよ、その上だよ」と。ゴルフのアルバトロスはただ腕があれば出せるものじゃなく、そこに運とか天候とかが揃わない限り、世界のトッププロでもなかなか出せないものだからさ。要するに〝今日はそういうアルバトロス級の芝居が見られて、本当に嬉しかった〟と伝えたくて、手近にあったミッキーマウスの便箋に書いて出したんです。そうしたら、勘三郎さんはそのミッキーの便箋をしばらく楽屋に飾っておいてくれたみたいでね。

僕は、彼の芝居に対する姿勢や新しいことに挑戦する勇気を常に尊敬していたんです。歌舞伎以外の舞台やテレビ、映画にも積極的だったから、もっとこっちの世界にいてほしかった。そうしたら、演劇の神様がいたずらして、僕とも一緒に何かやらせてくれたかもしれないのに。

相次いで亡くなった坂東三津五郎さんも真剣に芝居が大好きな人でね。一緒に食事をした時に「僕のがんは顔つきが悪くって」と話していて、聞いている僕も辛かった。勘三郎さんも三津五郎さんも、もっとやりたい役、やりたい芝居があったはずだ。

だから僕はいつも、開演前に亡くなった人たちに手を合わせるんです。あなたたちのためにも、僕はもう少し舞台で頑張ってきますよ、って。

感動的だった「命をあげよう」――本田美奈子．

若手俳優という意味で、僕が最初に出会ったのは、本田美奈子．になるのかもしれない。

それまでアイドル歌手だった彼女は、1990年にミュージカル『ミス・サイゴン』のオーディションを受けて、約1万5000人の中からヒロインのキム役に選ばれた。このミュージカルには、いわゆる稽古とは別に、「サイゴンスクール」という名の勉強会があって、エンジニア役の僕は美奈子．と一緒にそこへ通ったものです。彼女は元来明るい子で人懐っこく、僕のことをお父ちゃん、お父ちゃんって呼んでくれていました。

彼女にとっては『ミス・サイゴン』がミュージカルの第一歩だったから、周囲に溶け込もう、溶け込もうと一生懸命でしたね。そのひたむきな役づくり、取り組み方を見ていると、先輩としては何か言ってあげたほうがいいかなと思って、セリフのことや芝居のことをいろいろ話しました。気づいたところはちゃんとダメ出しもしてあげて、歌もアイドル歌手のような歌い方ではない、ミュージカルの歌い方というものを意識するようにと。そうしたらどんどん良くなって、迎えた本番では素晴らしい芝居でキムを演じ、歌も見事に仕上げていたんです。

舞台もロングランにもなると、いろいろとトラブルはつきものではあるんだけど、そのもっとも大きなものが、本番中に美奈子．の右足が舞台装置の滑車に轢かれるという事故だった。そのまま彼女は一幕最後の「命をあげよう」を歌い切ったものの、幕が下りて僕らが駆け寄ると、あたりが血だらけで……。彼女は「舞台に穴を空けたくない。最後まで演じ切る」と言ってきかなかったけど、みんなで説得して、二幕からダブルキャストの入絵加奈子さんと交代した。

担ぎ込まれた病院で診察を受けたら、足の指が4本折れていて、全治3カ月の重傷との診断。それでも、彼女は諦めずにリハビリに励んで、事故から1カ月足らずで舞台に復帰したんだから、本当にすごい。役者魂というか、プロ根性というか。

本田美奈子．という女優は本当に細い身体だったけど、彼女の歌う「命をあげよう」は迫力があって感動的だった。僕もあの子も日本酒が好きだったから、プロデューサーと一緒に飲みに行った時とかに、「『ミス・サイゴン』ではどちらも東洋人の役だから、一緒にニューヨークかロンドンの舞台に出られたらいいね、お父ちゃん」なんてよく言っていた。『ミス・サイゴン』の長い1年半が終わったあとも、彼女は『王様と私』に出たり、『レ・ミゼラブル』のエポニーヌをやったりして、歌もどんどん上達したし、クラシックが歌える声になっていたんですよ。

　これから先がますます楽しみだなと思っていた頃、美奈子．が白血病にかかったという知らせを聞いて、さすがに神様を恨んだよ。だって何も悪いことをしていないのに、あんなに無垢でうぶで前向きな子が、って。ただ僕は、あえてお見舞いには行かなかったんです。絶対に治ると信じていたし、一緒に舞台に立ちたい、舞台の上で美奈子．に会いたいという気持ちが強くあったから。こっちばっかり元気でやっているのが申し訳ない、という気持ちもどこかにあったのかもしれない。

　亡くなったというニュースは公演先の博多で知りました。ついに天使になってしまったと思って悲しかったね。あんなに若かったのにさ。美奈子．の分まで、お父ちゃんが頑張るよ。

すっかり〝帝劇の怪人〟――山口祐一郎

　この世界に入った最初から現在までをつぶさに知っているという意味では、山口祐一郎が一番だね。

　祐一郎は『コーラスライン』のオーディションがきっかけで、１９７９年に劇団四季に入ったんですよ。実は、タイトルからコーラスのオーディションだと勘違いして受けに来たらしいんだけど、ダンサーの話だから。あいつも面白いよね。ダンスが出来なかった祐一郎は、オーディションそのものは不合格だったけど、身長が高くて、品が良いし、浅利さんから声がかかって入団することになった。だから『コーラスライン』の初演メンバーではないんです。入ってから本格的に踊りを習ったりし始めたので、その後の再演メンバーでボビー役になったんですけどね。

のちにジーザスもやるようになって、丈史が四季を離れたあとは、祐一郎がジーザスで僕がヘロデという回もありました。『ドリーミング』で僕が犬のチロー、彼が火の精霊をやったこともあったな。『エクウス』の時は、僕が少年アランで、彼が馬のナジェットをやったんだけど、あいつは背が高いから、乗った時はとても怖かった。

祐一郎と僕といえば、やっぱりなんといっても『オペラ座の怪人』だよね。オリジナルキャストは僕がファントムで、彼がラウルだったから。それで祐一郎とは長くラウルとファントムの関係が続いていたけれど、まず先に僕が四季を卒業し、何年後かに彼もいろいろな事情で辞めることになった。聞いたら、あいつも僕と同じ厄年のタイミングで辞めていたみたい。やっぱり厄年って、何かしらあるんだな。

祐一郎が退団した翌年、彼が『レ・ミゼラブル』のオーディションに受かったと聞いて、公演初日に行ったんだけど、僕は楽屋で彼の顔を見て泣いちゃった。これで絶対に世間は彼を認めてくれるからねと。

　それ以降、僕はあいかわらず〝日生劇場の怪人〟だけど、彼は今ではすっかり〝帝劇の怪人〟ですからね、本当に良かったよ。

まるで弟のような――武田真治

　蜷川さん演出の『身毒丸』に武田真治が出ていた時、どちらかというと、世の中に対して敵意というわけではないけど、自分の世界を大事にしたいがために、容易に心を開かないタイプのように見えたんだ。

　２００７年に『スウィーニー・トッド』で彼と初めて共演した時も、前と同じような印象を受けつつ、だけど、とびきり集中度の高い俳優だとも思ったね。それは、同じ舞台に立っていたソニンもそうだったんだけど、ある意味、周りが一切見えなくなってしまうくらいの集中力があるんですよ。これはすごい能力であると同時に、ちょっと困る部分でもあって。というのは、やっぱり多少は周囲がどうなっているか確認しないと、舞台は成立しないものだから。役者は視野だけはね、少し広くしておかないといけないんですよ。

栗山民也さんの演出でストレートプレイの『ロックンロール』をやった時には、さらに芝居が上達していたね。僕が演じるケンブリッジ大学教授の教え子役が真治だったんだけど、稽古を重ねていく中で、栗山さんの厳しいダメ出しにもしっかり応えていたし、共演者と向き合って舞台を作り上げようとする気持ちにも驚かされた。集中力も含めて、真治は役者としてのポテンシャルが高いんだと思う。

真治とはその後、『スウィーニー・トッド』の再演を重ねるうちに少しずつ仲良くなっていき、トバイアス役もすっかり真治の持ち役になった。二幕で歌うナンバーなんか、とても良いね。いつも袖で聞いてるよ。しかも最後は、トバイアスが復讐のためにトッド、つまり僕の喉を斬る役回りになるわけだから、その場面の芝居は本当に息を合わせないといけない関係でもあったんだよ。

真治には僕のコンサートにゲストで来てもらったこともあった。歌を歌ってもらったり、得意のサックスを吹いてもらったり。兄貴と慕ってくれてもいるようなので、僕としてもとても嬉しいんですよ。

「そういえば、真治は『スクルージ』のクラチット役も似合いそうだ」と思いついて、実際にキャスティングしてもらったんです。ケチなスクルージの会計事務所で雇われているクラチット、その誠実な役どころが合っている気がして。でも真治に言わせると、「スクルージの『お前は大体カネのことしか考えとらん』ってセリフを使って、市村さんは僕のことなじりたいだけなんじゃないですか」って、苦笑いしていましたけどね。

テレビ朝日の『ドクターX』、そしてミュージカルの『スクルージ』と、ここのところ共演が続いているけど、次はまた一緒にストレートプレイに挑戦したい。僕をさらに驚かせて欲しいよ。

狂気をはらんだいい役者――藤原竜也

藤原竜也は僕と同じ埼玉の出身で、舞台での共演は二人芝居『ライフ・イン・ザ・シアター』とシェイクスピアの『ヴェニスの商人』、そして『ANJIN　イングリッシュサムライ』の3本。

竜也が『エレファント・マン』をやった時も見に行きましたけど、僕らがやっていた頃とは全然違う新しい演出でしたね。役について、彼自身が悩んでいた部分があったようだったので、「俺たちが劇団四季でやった『エレファントマン』の時は、こういう演出、こういう気持ちでやったよ」と話したんだ、そしたら理解したようで、後で感謝されたのを覚えている。確か、その時が俺たちの最初の出会いだった気がするね。『ライフ・イン・ザ・シアター』は、劇場で働く若手俳優とベテラン俳優との二人芝居だったから、ああでもないこうでもないと演出家とやりながら、とにかく二人で乗り切った。竜也がどう思っているかは分からないけど、僕にとっては頼もしい後輩であり、脅威を感じる後輩でもある。だから、彼がやるものは必ず見に行くようにしています。

ただし、二人だけで酒を飲むのは、ちょっとね。だって竜也はうわばみだから、あのペースに合わせると、こっちが間違いなく潰されちゃう。「市村さんたまには飲みましょうよ、飲みましょうよ」って、あの調子で言ってくれるけど、「うん、まあね、また飲みたいよね」と、最近はのらりくらりとかわしてばかりです。だけど、そんな竜也もパパになったんだもんね、ビックリしちゃうよ。

竜也も蜷川さんにいろいろと叩き込まれてきたから、狂気をはらんだ、底力のあるいい役者に育った気がするね。僕が見てきた彼の芝居にそれが現れている。

あの世代って、山田孝之くんとか小栗旬くんなんかもそうだけど、普段は底抜けに明るいのに、狂気を演じるとひときわ光る役者がとても多いように思うね。特にこの３人は、インテリな役も出来れば、ゲスな役も出来る。僕にしてみたら、そこまで振り切って演じることは本当にすごいなあと思うんですよ。

ただ、山田くんも小栗くんもミュージカルを経験しているのに、竜也だけはまだやっていない。僕に言わせると、それが残念でね。僕がミュージカルの曲を披露した『それぞれのコンサート』を竜也は見にきてくれたんだけど、その日の夜、彼はカラオケに行って、『オペラ座の怪人』メドレーを熱唱していたという噂を聞いた。ぜひ、歌も本格的にやってくれないかな。

いつか竜也とミュージカルで共演することを、僕は楽しみにしてるんだ。待ってるよ、竜也！

自分の歌に酔わない ――堂本光一

ここ数年ずっと、僕はミュージカル『Endless SHOCK』を見に行かせてもらっていて、主人公コウイチを演じる堂本光一くんとは、楽屋を訪ねたり、一緒にご飯を食べに行ったりと、とても仲良くさせてもらっているんです。

２０００年に帝国劇場で『MILLENNIUM SHOCK』として始まったシリーズは、最初の５年こそ、作・構成・演出はジャニー喜多川さんだったけど、２００５年からは光一くん本人が脚本・演出、そして音楽まで手がけるようになった。『Endless

SHOCK』は〝堂本光一プロデュース〟と言っても過言じゃないでしょう。上演回数も1700回を超えていて、同一演目単独主演としては森光子さんの『放浪記』に次ぐらしいね。『キャッツ』『レ・ミゼラブル』『オペラ座の怪人』『ミス・サイゴン』も上演回数はすごいけど、あれは単独主演じゃないから。

『Endless SHOCK』での光一くんの芝居を見ていて驚くのは、彼の歌に〝歌っている〟印象がほとんどないこと。唐突に歌い上げるようなことはしないで、セリフの延長線上として、声に気持ちを乗せているだけなんだ。つまり彼は、自分の歌に酔っていないんだ。僕も40年以上ミュージカルに出演しているけど、これが本当に難しい。しかも当然だけれど、ジャニーズ事務所のアイドルだからダンスも殺陣も上手いしね。光一くんがミュージカル俳優として一流であることは、僕が保証するよ。

ジャニーズ事務所といえば、『ウエストサイド物語』や『コーラスライン』で同じ舞台に立った、友だちの飯野おさみは、ジャニー喜多川さんが世に送り出した男性アイドルグループ「ジャニーズ」のメンバーだった。後におさみは劇団四季に入るんだけど、彼はステップが抜群に上手くて、芝居には華があってね。さすが、元アイドルは違うと思ったよ。

光一くんと剛くんの「KinKi Kids」をはじめ、「TOKIO」にしても、「V6」にしても、「嵐」にしても、人気のあるメンバーは地道な努力を重ねていることは分かるし、芸の幅が本当に広い。歌や踊りだけしか出来ない人なんていなくて、しゃべりも上手ければ、アドリブでコントも出来て、映画や芝居では主役を張る。ジャニーさん自身も驚いていたんじゃないのかな、「ユーたち、そこまで才能があったのか！」って。僕はジャニーさんと直接面識はなかったけれど、やっぱり「ユー、やっちゃいなよ」という先見の明はすごいと思う。

光一くんの『Endless SHOCK』は、今後、どこまで進化していくんだろう。この何年かは前田美波里さんや、『エビータ』で僕も共演した久野綾希子さんをキャストに迎えて、舞台にさらに深みが加わってきたね。内博貴くんとか、中山優馬くんとか、若手もどんどん成長しているし。

ちなみに、うちの息子たちは、最近キンプリ、「King & Prince」にすっかりハマっちゃってるみたい。ほら、光一くんも負けてられないよ。

もう他に怖いものなんか何もない ――大竹しのぶ

「私も市村さんと何か一緒に舞台をやりたいんです」

『リチャード三世』を蜷川さんとやっていた時、楽屋を訪ねてきてくれた大竹しのぶちゃんが、急にこう言い出したんです。大好きな女優さんからそんなこと言われたら、僕だって嬉しいからね、「だったら『マクベス』なんかいいんじゃない？」って、にこにこしながら提案したの。しのぶちゃんも「私もそう思って、さっきロビーで『マクベス』の戯曲を買ったんですよ」なんて言っていたのに、何のことはない、気づいたら、しのぶちゃんは唐沢寿明と『マクベス』をやっていたという。なんだよ、僕とやりたいって言っていたのにさ。まあ、あれも蜷川さんの演出だったからいいんだけどね。

だけど、やっぱりしのぶちゃんはすごく素敵な役者さんだから、その後も縁があったらぜひ何かやりたいねと、二人で言いあっていたんです。

芝居もいいけど、ミュージカルで何かないかなと考えた時、ふっと頭に思い浮かんだのが、ニューヨークで見たスティーヴン・ソンドハイム作詞作曲の復讐劇『スウィーニー・トッド』。しのぶちゃんがナタを持ち、カミソリを持つ僕がその隣に立つ、何とも怖いイメージが湧き上がった。僕は鳳蘭さんと市川染五郎さん（現・松本白鸚）の『スウィーニー・トッド』も見ていたんだけど、もう幸四郎さんはやらないだろうし、しのぶちゃんと僕なら、出来るかなと。そうしたら、あ、そうだ、亜門（現・宮本亞門）ちゃんがいるとさらに思い出して。ソンドハイム作品を何本も手がけている亜門ちゃんの演出で、大竹しのぶと市村正親がナタとカミソリを持って登場したら、もうそれだけでお客さんは大喜びするんじゃないかなと思ったんですよ。そうしたら、企画が通っちゃった。

初演は大変でしたよ、ソンドハイムの曲は変拍子で難しいから。芝居として表現するよりも、まずは譜面を読んで正確に音を取ること、それだけでてんてこ舞いでした。でもね、ソンドハイムの曲というのはとっても刺激的で、最終的にはどこかへと連れていってくれるんですよ。しのぶちゃんが演じるラヴェットも、僕が演じるトッドも、楽曲に耳を傾けたり、実際に歌ったりしているうちに、その音に導かれるように結末へ進んでいく。ソンドハイムは歌で酔えないように作っていて、譜面通りに歌えば、ある高みへ連れてってくれる。そんな不思議な作品なんだよね。出来上がったものは、ジョニー・デップが主演した映画版より、ずっと面白いと自負している。

しのぶちゃんは本格的なミュージカルは初挑戦だったと思うけど、初めてが『スウィーニー・トッド』で良かったんじゃないかなと思う。だって、こんなに難しい作品をやったら、もう他に怖いものなんか何もないですから。

この『スウィーニー・トッド』はとっても好評だったから、再演を繰り返して、2016年の回でラストと謳ってはいたんだけれど、〝また見たい〟と言ってくれるファンが多くてね。ラストだからと見に来てくれたお客さんには申し訳ないけど、われわれとしてはまだやる意思あり！　やる体力もあり！　と主催者に宣言しようって、しのぶちゃんとも話しているところ。僕たち二人がやるって言えば、またみんな集まってくれるだろうしね。

女優としての力量を見せたい――篠原涼子

僕らは、よく言っているんです。出会ってから、お互いの道がどんどんいい方向に開けているよねって。彼女もドラマや映画の仕事がすごく増えたし、舞台の仕事もやってほしいと言っていたら、２０１８年に栗山民也さんが演出した『アンナ・クリスティ』という舞台に久しぶりに出演してくれました。

僕は篠原涼子という女優の演技のファンなんです。彼女の芝居をもっともっと見たいんですよ。

だって本当に面白い女優さんですからね。コメディーも最高だけど、シリアスなものも。彼女の女優としての新たな力量を、僕が見たいのと同時に、人様にも見せてあげたいんです。だから、そういう意味ではいいサポートが出来る男でありたいな、と思っているんです。

最初の出会いは、２００１年に僕が出ていた『ＡＲＴ』を見に来てくれて、楽屋に挨拶しに来たんです。同じ年の秋に『ハムレット』で共演するから、ということで。それがなぜ……いやいや、やっぱりプライベートをさらすのはやめておこう、俳優ってどこかミステリアスな部分も残しておかなきゃいけないからね。

だけど、実際に共演してみて、なんて魅力のある女優さんだと思ったのは事実。稽古場ではとても腰が低くって、最初はとても緊張していましたね。なにしろ、蜷川さん演出の『ハムレット』で、オフィーリア役が初舞台だったんですから。

芝居は、まったく舞台役者っぽくなくてナマな感じがあり、ビビッドにひたむきに生きているオフィーリアを一生懸命演じていた。お互いに群馬と埼玉の人間だから、そういう意味では田舎から夢を持って出てきたというような共通部分があったのかもしれません。人を惹きつけるものを持っていて、周りのみんなから愛されていましたね。蜷川さんに対してだって、「そんなに大きな声で怒鳴らないでください。怒鳴られると出来ることまで出来なくなっちゃう」なんて言い返していましたよ。蜷川さんに「ああ、ごめんごめん、分かった、分かった」って言わせていましたから。

演技に関して、僕自身は何のアドバイスもしませんでした。ただ、ハムレットのことを語る、「いきなり来て私の手を触り、そしてじっと私の目を見るの。あの方が狂ってしまった」というオフィーリアのセリフが、どうも実感として分からない様子だったので、僕はある時、稽古場でいきなりスッと彼女の前に行って、黙って手を取ったんです。そして何も言わずに、じっと目を見続けて。そうしたら彼女は「何、なんですか、ふざけてるんですか」って動揺していたけど、それでもしばらくじーっと見つめてから、「今、心の中で起きていることが、オフィーリアのリアルな実感なんだよ、それでやってみたらどうかな」って、それだけ言ったんです。

彼女は僕の芝居に対しても必ずいいアドバイスをくれるんですよ。中でも一番大きかったアドバイスが「舞台でも映画のアップで撮られているような気持ちでお芝居をしてみたら?」、ということ。これって『リトル・ナイト・ミュージック』の時に小川亜矢子先生に言われた、「そんなに大げさな芝居をしなくても、お客様には想像力があるんだから、それを飛び越える過剰な芝居は煩《うるさ》く感じるんですよ」という言葉とまるで一緒で。

僕にとって、今でもこのアドバイスはすごくいいヒントになっているんですよ。

第4章　役者・市村正親はこう作られる

『ラブ・ネバー・ダイ』（写真撮影／渡部孝弘、写真提供／ホリプロ）

『炎の人』（写真提供／ホリプロ）

台本にのめり込み、1枚のレコードから想像する

台本との向き合い方について考えると、1975年に『エクウス』というお芝居を初めてやった時のことを一番に思い出します。『エクウス』はその年の文化庁芸術祭大賞を受賞した作品で、全裸のシーンもあったから何かと話題になった。

初めてその台本を手にした日にパラパラと流して読むのが嫌だったので、翌日の、その日の稽古事や洗濯などの用事をすべて終えた夜10時頃、コーヒーをマグカップに入れ、当時はたばこを吸っていたから灰皿を机に置いて、そこで初めて1ページ目を開けて、読み始めました。

作品と真っ向から出会うためには、まわりのことをみんな遮断して、集中して台本を読むようにしているんです。『エクウス』の時は、一幕の最後の場面を読んでいたら、当時住んでいたアパートの四畳半の部屋の壁が真っ赤に燃えているような感覚を味わい

ましたね。ヒヒーンという馬の鳴き声が聞こえ、「エクウス。今、僕たちは一つになるんだ。一つに、一つに。神様……」といった言葉を追っていると、ただ読んでいるだけなのに、ぐったりしてしまうくらいにのめり込んでしまって。本当に、自分の部屋が燃えているように感じられたんです。そういう、最初の印象ってすごく大事なんですよ。そうやって集中して台本を読んでいる時は、セリフとト書きを目で追いつつ、自分の中ですべての役を演じるようなものだから、誰一人セリフをとちらないし、変な自意識もまるでない。そこにいるのはアランだし、ダイサートだし、ジルなんです。

お芝居、特にセリフだけのストレートプレイの場合は、台本といつもそういう感じで向き合うんです。それがミュージカルの場合になると、例えば『イエス・キリスト＝スーパースター』の時は、オーディションを受ける際にレコードと譜面を買わされ、まずは音楽を聴くことから入りました。レコード盤に針を落とした瞬間、ダンダダーンってプロローグが始まり、「うわー、何？　この曲！」ってものすごい衝撃が走りましたね。まだ歌詞も何も深いところまでは分からない段階なのにもかかわらず、感動してしまった。そこからどんどん作品世界を想像していく。

そういう風に、初めの一歩としては、芝居は台本から、ミュージカルは音から入るわけです。

『コーラスライン』もレコードからでした。音を聴くだけでも作品世界へと入り込んでいけるんですよね。『オペラ座の怪人』もそう。レコードを初めて聴いた時は「うわーっ、いい音楽だ」と震えましたから。『ミス・サイゴン』の場合は、外国で舞台を直接見たのが最初でしたけど、〝パタパタパタパタパタ〟とヘリコプターの音から入り、序曲が始まる……。やっぱり音楽が良くなければ響いてきませんからね、ミュージカルはどうしても音先行なんですよ。

ついつい動きが女性っぽい仕草になって

僕がセリフを覚える場所は、電車の中、もしくは歩きながら。最初に台本を読む時とは違って周囲を遮断することはせず、何かをしながらブツブツ呟いて覚えていくんです。蜷川さんの『リチャード三世』の時は、稽古場のあった与野本町へ通うために大体30分は電車に乗らなければいけなかったから、覚えるのにちょうど良かったんですよ。『ラ・カージュ・オ・フォール』の時も、そうやって電車の中でセリフを覚えていたんだけれど、オカマの役だったからついつい動きが無意識に女性っぽい仕草になっていってしまって、気づくと周囲の人たちが少しずつ離れていくんだよ。ああ、そうか、まだ差別意識はこういうところに残っているんだな、なんてそんなところで改めて思ったりもしたなあ。

時には電車の中で、俳優さんはああやって稽古するのか～みたいな視線も感じますよ。逆に言えば、俳優の裏の素顔をさらけ出して見せてしまっているわけですけど、俳優だってみんなと同じように、こうして真剣に勉強しているんだぞと分かってもらうには、いい効果かもしれないですね。でも最近は、やはり口が動いていると驚かせてしまうようなので、マスクをするようにはしています。マスクをつけていれば、大きく口を動かしていたとしても声を出さなければまったく気づかれませんから。

僕はセリフを覚える作業自体が、大好きなんです。台本の中身が1ページずつ頭に入っていくと、だんだん最後のページが近づいてくるじゃないですか。大変だ、あと2ページで終わっちゃう！　と思うと、覚えるのをやめたりすることさえある。今、この手にある台本とのつき合いがなくなってしまうのが、嫌なんですね。それまではちょっと確認しては台本を閉じ、セリフを反復し、また開けて見ては覚えて……という繰り返しをしている日々なので、それが終わるのがさびしくて。

変な例えかもしれないけれど、寿司を一人前頼んだら、僕は一番おいしいネタを最後まで取っておくタイプなんですよ。のり巻きから始まって、中トロが最後。最後のこれ一個を食べたら、寿司下駄の上に何にもなくなっちゃう、その感覚と似ているんです。まあ、だけど、結果的にはいずれは最後まで覚えなくちゃいけないわけですけどね。

台本への書きこみは、結構するほうです。演出家のダメ出しとか、昨日はこうだったとか、やっちゃいけないこととか、ちょっとした気づきとか。書いたからって、どうってことでもないんですけど、大切なことは忘れちゃいけませんから。

台本は自分にとって本当に宝物だし、俳優にとって何よりも大切にしなくちゃならないもの。僕がこの世界に入った理由は、たかだか2、3時間の間、仮の姿でとはいえ、非常に激しい人生を生きることが出来るからなんです。実際には人を殺したりしないし、恋もしないけれども、『ロミオとジュリエット』だとか『オペラ座の怪人』では現実ではあり得ない恋をし、相手に焦がれる気持ちになる……その瞬間の感情はあくまで本物ですからね。そんな激しい人生が2、3時間にぎゅっと詰まっているのが、この1冊の台本なんです。

その台本に入っている激しい人生を、ゆっくりと自分の中に移動させていく。きっと、その作業が好きなんだと思います。つまり覚えるのが好きというより、台本に書かれた文字を自分の言葉にしていくことが好きなんでしょうね。

千本ノックをやってくれる演出家のほうがありがたい

演出家というのは、役者にとっては料理人みたいな存在。そして役者は魚みたいなもので、演出家によって頭からひれから内臓から骨まで全部きれいに切られて、活き造りみたいに盛ってもらうわけです。そういう意味では役者は叩かれれば叩かれるほど、いい盛りつけをしてもらっているようなものなんですね。

ダメ出しというのは決して怒られているのではなく、役者をより良く伸ばしてくれるためのものなんです。あまりにもダメ出しが多すぎると千本ノックを受けているみたいになって、へこんでしまう役者さんもいますけど。でも浅利さんだって、蜷川さんだって、いい演出家は大体千本ノックをやりますから。「違う、声がちゃんと聞こえない」。「違う、気持ちが入ってない」。「違う、今度は入りすぎ」。「違う、声が枯れてきた」。そんなのが延々続けばもう、どうすればいいか分からなくなってしまう。でも、それがあるからこそシーンが身体に入ってくるんです。だから僕としては、千本ノックをやってくれる演出家のほうがありがたい。

とはいえ逆に自分は、演出家にはなりたくないいんだ。「違う」「違う」って、人には言いたくないんですよ。言われる分には、嬉しくてもね。

役者と演出家というのは、スポーツ選手と監督の関係とも一緒ですよね。まさに高校野球みたいなものですよ。名監督が名選手を育てて、作戦がうまくいけば勝利というものに結びつく。監督が実際にプレイするわけではなく、プレイするのは選手なんだけれども、監督が全部采配するからこそ選手が動けるのであって。役者だってそう。何の指示もないまま、さあ、やってごらんと言われたって困っちゃいますから。客観的に全体を判断して、いい方向に導いてくれるのが演出家。なおかつ自分では気づけないことも発見して、いろいろ教えてくれる。アイデアも頂ける。

あれだけしつこい職種というのも、他にないなと思いますね。それも他人のために。僕には出来ません。

演出家っていうのは、世話焼きなんです。この間、『ドライビング・ミス・デイジー』でご一緒した森新太郎さんも、『炎の人』の栗山民也さんも、みんな普段はそうでもないけど、芝居に関しては本当に手取り足取り最後まで辛抱強くつき合ってくれる。僕自身はあそこまで出来ないよ、人のためにおせっかいすることなんて。

まわりの人間に聞かせるためのダメ出し、というものもある。それは浅利さんもやっていたし、蜷川さんもやっていた。蜷川さんが僕にダメ出しする時はまわりに蜷川組の若い子たちが見学に来ていることを分かっていて、絶対に彼らのことも意識しながら言っていましたからね。市村でさえ稽古ではこれだけ厳しいダメ出しを受けていて、それをこんなに素直に聞いているんだ、と。だからまわりの人が驚くくらいにボンボン、ダメ出しが飛んでくるんだけど僕は一切へこみませんでした。

昔、先輩の日下武史さんに教わったのは、芝居というのはキャッチボールだ、ということ。しっかり相手が投げるボールを見てないと受け取れない。相手に向かってちゃんと投げ、そして投げられた人はしっかり取ってまた相手に向かって返すんだ。ゆっくり返すか、速く返すか。そして次の球はどこから、どんな速さで来るか分からないから、常に相手をよく見ていないといけない。

若い頃は自分のセリフのことばかり考えて、相手のセリフなどろくに聞いていませんからね。次に自分がどう言うかってことばかりに気を取られてしまう。まあ、みんな若いうちはそういうものなんですけどね。

車椅子を分解して、毛糸を口に含んで

僕は稽古では、演出家に何か言われなくても自分からどんどんアイデアを出すほうで、

よく人からは「小ネタのイッちゃん」なんて言われています。

例えば『ミザリー』というお芝居では、途中から僕は車椅子なんですね、交通事故に遭って。助けてくれた女性の家のベッドで目を覚ますと足が折れている。だから動けない。しまいにはその女性から、「私のために小説を書いて、書かないなら足を切るわよ」と言われ、ついには切られる。片足で、車椅子で、どうやって脱出するか。演出家から「さあ、どうしよう?」と言われた僕は、何から始めたと思いますか? よし、じゃあバラしてみようって、車椅子を分解したんです。どの部品なら武器になりそうか、って。そんなところからアイデアを探すんです。

また、雑巾汁を飲まされる場面もあって、これはコーラかなんかに変な色をつけた水なんだけれど、その前にベッドの脇に隠しておいた毛糸をそっと口に含んでおいて、その水を飲んでから「ん?」って顔をして口からその毛糸をゆっくり引っ張り出すんです。するといかにもモップの紐が出てきたみたいに見えるから、お客さんがうわーってなる。そういう小ネタも全部、自分で考えましたね。

日常で常に好奇心を持っているからこそ、アイデアが湧いてくるんだと思いますよ。昔よくテレビで見ていたドリフターズの『8時だョ!全員集合』や『志村けんのだいじょうぶだぁ』、そしてものまねのコロッケさんの芸とか、そんなところからもヒントをもらってますね。

よく、いい社長さん、いい経営者というのは社員みんなの意見を上手に出させるって言うじゃないですか。だけど何も言わせない雰囲気を作っている社長さんもいて、そんな会社はやっぱりダメなんですよ。芝居の場合も、それがたとえいいアイデアでなくても、若い役者さんも恥ずかしがらずにどんどん出したほうがいい。みんなで発想を出し合うほうがいい結果を生むに決まっていますよね。

きっと演劇の神様の仕業

胃がんが早期で見つかったことも、僕には演劇の神様の仕業としか思えなかった。あの日、胃が痛くならなかったら、あのタイミングで胃をわざわざ検査することにならなかったと思うから。そうなったら、知らないまま進行してしまっていたかもしれない。

２０１４年の夏、『ミス・サイゴン』のために仕事でロンドンに行き、取材も兼ねて飲んだり食べたりしていたから相当胃が疲れていたんだろうね。その痛み自体は単に胃が荒れていたからだったんだけど、妻が「徹底的に調べてください」と頼んでくれて、先生からも「ちょっと気になるんで再検査させてもらえますか」と言われたんですよ。そこで、精密検査をしてもらったら初期のがんが見つかった。「えっ？　がん！」って。

まだ初期の段階だったから腹腔鏡で切除出来るけど、でも万が一リンパに転移している可能性もあるからと結局手術は2回して、胃は半分取ることになったんです。手術の5日後くらいに担当の先生から転移はなかったと報告を受け、その時はさすがに「ああ、生命を取り戻した！」という実感がありました。

あれから5年ほどたち、治ったから言えることなんですけど、もしあの時に胃がんになっていなかったら、僕の体重は今頃70キロを超えていたんじゃないかな、そんな風に考えることがあるんです。そうしたら顔が今よりかなり丸くなってしまい、ファントム役はもう出来なかったかもしれないし、『生きる』の渡辺勘治役だってきっとああいう風に演じることは出来なかったろうなと。これもきっと演劇の神様の仕業かなと。

体型のため、そして健康のためにも今は何事も半分でいい。普通はチャーハンと餃子を頼むところも、僕は半チャーハン、そして餃子は6個ではなく3個で十分。どんなものでも一人前頼んだら、半分は人にあげちゃうんだ。今では腸が胃化しているから、食べることは出来るんですよ。でもせっかくがんを早くに見つけてもらい処置出来たんだから、あとはしっかりスリムな体型を維持するため、70歳になったからこそ努力をし続けなければ。

永ちゃん、矢沢永吉さんも実は同い年で70歳なんだけど、彼の姿を見るたびに僕ももっと頑張ろうという気にさせてもらっている。僕がそう思うのと同じように、もしかしたら僕だって誰かの励みになっているのかもしれない。最近、同年代の方からお手紙をもらったりして、それを実感出来るようになったんです。

役者なんて、思い込めればいいんです

僕は、役に対して何か取っかかりが見つけられると、スッとその役柄に入れるんです。でもその取っかかりを見つけるまでは、すごく苦労しますね。特に新作の場合、過去に誰もやっていないものの場合は、とにかくひたすらその役に関する本を読んだり、映画を見たりします。

『リチャード三世』の時は、翻案されたものも含めて、さまざまなリチャード像を勉強しました。

アル・パチーノの『リチャードを探して』という映画では、アンを口説く場面でものすごい二枚目が口説いているように見えたんですよ。それはアル・パチーノの外見じゃ

なく、心が二枚目のように見えたんですね。その時のアル・パチーノの、相手の女優さんを見る目が何というか、子どものようで。子どもなんだけれども大人、大人なんだけど子どものような目だった。母親を見るような、あるいは「あなたのその美しさが私をこうさせるんです」と言っているような。目は心の窓とか、心の鏡とか言いますけど、それを見た瞬間に「あ、この目だ！」と思ったんです。

そういう取っかかりが見つかると、安心してそっちの方向にいっていいんだなってようやく思えるようになるんです。ゴルフでいえば、どこにカップがあるか分からぬうちは、たとえ打ったって入るわけがないじゃないですか。でも、遠くではあるけどあそこにあるなと何となくでも分かれば、とりあえずそっちの方向に打てばカップに近づける。そういうことですよ。

役者なんて、結局思い込みでしかないんですよ。ということは、思い込めればいいんです。この役、俺じゃないなと思うことだって、たまにはありますよ。それは自意識が邪魔するとか、教養のなさが足を引っ張るとか、いろんなマイナス要因があるけれど、とにかく思い込むんです。２０１７年の『ＮＩＮＡＧＡＷＡ・マクベス』をやっている時、振付の花柳寿楽さんに「何かダメ出しありませんか」と聞いたら「何にもありません。もう何にもお考えにならないで。あなたは何をやってもマクベスですから、お迷いになる必要はありません」って言われたんです。「うわー、これは素晴らしい励ましをもらっちゃったな」って思いましたね。そうか、何をやってもマクベスになれているのか、と。蜷川さんが元気だった初演の頃から僕の稽古をずっと見てきた先生だったんで、そうおっしゃってくれたんだろうけど、あれは本当に嬉しかったな。

セリフにしても、役者は意味がすべて分かればいいという問題でもない。役者なんてのは変な話、意味を伝えようとすればいい芝居が出来るかというとそうでもなく、意外と意味が分からなくてもお客様のほうが想像力が豊かで反応してくれることもある。役者が意味を分かりすぎて、余計な演技をしてしまうこともある。あと、これは人の芝居を見に行った時に感じることだけど、頑張ってる芝居はうるさいよね。「熱演と言われる役者の芸のなさ」という言葉もあるし。

小説を読んで頭の中で思い描くのと同じように、観客は舞台を見ながら自分の想像力を膨らませているんじゃないか。いい演技というのは、２００パーセント稽古して、50パーセントで表現出来ればそれでいいのかもと、そんな風に思ったりすることもあります。

仮面に隠れた部分だって、適当なメイクじゃダメ

舞台役者はほとんど、本番のメイクは自分でやるんですよ。やっぱり自分の顔は自分が一番よく分かっていますからね。

例えば『スクルージ』の初演は１９９４年だから、もう25年も前の話。僕もその頃はまだ45歳だから、２時間くらいメイクに時間をかけて、顔の皺を念入りに作ったりしました。『オペラ座の怪人』のファントムをやっている時に使っていた、かつらをつけるための「ドンピシャン」というゴム製の接着剤があって、放っておくと乾いてくっつくようになっているんです。それが使えそうだと気がついて顔に塗ってみたら、皺がうまい具合に食い込んで老人の深い皺のようになる。それが乾いてから、ドーランを塗って粉をはたくんですね。当時はまだ40代でしたけど、その技を使ってスクルージの皺を自分の皺で再現出来ていました。その後はだんだん自然と自前の皺も増えてきたので、地塗りを塗って、少しタッチを加えれば、もうそれでＯＫ。今では30分程度、すっかり短時間で出来ちゃいます。

そうやって日常にあるものを使ったり、活かしたりもして工夫します。『ドライビン

グ・ミス・デイジー』で演じたホークは黒人だから、唇が特徴的じゃないですか。僕の唇をああいう風に分厚く見せるためには、大きめに描けばいいのかなと描いているうちに気づいたんですよ。これって『ラ・カージュ・オ・フォール』のザザの唇と同じだ！って。女の人って、唇をちょっと大きめに描くと色っぽくなるじゃないですか、マリリン・モンローみたいに。だからザザをやった時のラインを思い出しながら、描いていましたね。

役者って、どの瞬間に役に入っていくかは人それぞれかもしれないけど、僕はメイクなんですよ。例えば『ドライビング・ミス・デイジー』のホークだって、『オペラ座の怪人』のファントムだって、『スウィーニー・トッド』のトッドだって、『ラ・カージュ・オ・フォール』のザザだって、『屋根の上のヴァイオリン弾き』のテヴィエだって、どの役もメイクをしながら役の世界に入っていくんです。開演40分前、いや『ドライビング・ミス・デイジー』の時は50分前からメイクを始め、最後にかつらをかぶり、ひげをつけたらようやく役になれる。このひげも、つけひげじゃ途中で取れてしまうかもしれないから、丁寧に植え込むんです。これまた例の「ドンピシャン」を塗って、そこに毛を落としていく。

メイクはグラデーションの技術が大事なので、そのぼかし方がうまい人はメイクがうまいということになります。僕なんか、人生あちこちでぼかしてきてるからね、メイクもぼかすのがうまいんですよ……って、これは冗談です。だけど実際によく言われるんですよ、市村さんメイクうまいですよねって。実を言うと、それはメイクがうまいんじゃなく、あくまでぼかし（またも強調……）がうまいんです。

僕の場合、ぼかす作業は筆では上手に出来ないから指を使います。指でいろいろな色を混ぜて、指の腹をうまく使って。もともと絵が好きだったから、顔に絵を描いてるようなものなのかもしれないな。

『オペラ座の怪人』は二幕はほとんど仮面を取った姿だけど、続編の『ラブ・ネバー・ダイ』では、仮面に隠れた部分は一幕の最後の一瞬しか見せない。でも、だからといって適当なメイクじゃダメなんですよ。見えなくたって、仮面の下はしっかりメイクしておかないと。それを隠してる男なんだからね。『リチャード三世』も「この腕が見えないか！」って腕を見せる場面があって、これも一瞬しか見えないとはいえ、生まれつき変色しているように青白くグラデーションをつけて塗っていく過程で、リチャードになっていく。メイクに力を入れることも、僕にとっては役作り。役に入っていくための大切な布石の一つなんですよ。

だけど『ドライビング・ミス・デイジー』みたいに、だんだん老けていくという役はちょっと変な気分になりますね。だって、まるで自分の未来の姿を演じてしまうようなものだからさ。作品によっては若くなったり、年を取ったり、過去に戻ったり、未来に行ったり、不思議なものですよ。これだけ演じることを楽しんでいるんだから、見ている人も、きっと楽しんで芝居を見てるんじゃないかな。

1日の始まりに汗をまず出したい

残念なことにある年齢まで来ると、体力が落ちてくるのは仕方のないこと。その落ち方が急になるか、なだらかに落ちるかだと思うんだ。よりなだらかに落ちるためには、きちんと自分の身体をチェックしておかなければならない。

僕は毎日しっかり汗をかきたい。さらに、5年前にがんが見つかった時から、毎月1回の採血と心電図、半年に1回のCT、1年に1回の内視鏡検査を行っています。そこで何か見つかったら、とにかく早めに処置したいから。おかげさまで、あれ以降、ほかの病気は見つかっていないので、このままいけたらいいなと思っているんですけどね。

ある日のルーティーンを紹介すると、朝8時15分にはマグマヨガに行き、レッスンが始まる前に腹筋50回、そして左脇腹と右脇腹も50回ずつ、さらに角度を変えて20回ずつ。

要するに200回近く腹筋運動をするんです。それで汗をかいてからヨガのレッスンに入り、終われば頭を洗って自転車で移動して、10時半からは腹筋エステ。これは機械を使ってロナウド選手がシックスパックを作る、あれの数倍強いものを30分かけてやるんです。なんとしても、おそらくこれが最後の『ミス・サイゴン』のエンジニアをカッコよくやりたいからね。

1日の始まりに汗をまず出したいというのは、劇団四季に入った頃からの習慣なんです。なぜかというと、当時はあざみ野ではなく参宮橋に劇団四季の稽古場があって、レッスンのカリキュラムがさほど充実していなかったんです。だから、必ず朝は10時に小川亜矢子先生のバレエスタジオに行き、そこでレッスンしてから稽古場に入る。舞台の本番の日は、レッスンしてから劇場入りしたりね。だから稽古がない日でも、稽古がある日でも、本番がある日でも、とにかくまず朝からのレッスンに行って汗をかくというのが僕のルーティーンなんです。

それは要するに、前日までに飲んだもの、食べたものを全部きれいに外に出したいからで、つまり当時からデトックスを実践していたんですね。前の日から溜まった毒素を汗と共に出し、すっきりしてから、レッスンなり遊びなり、本番に行くなりするんです。だけど、健康じゃないと出来ませんからね。風邪をひいていたり、ケガをしていたら出来ない。だからいつも朝レッスンに行って思うのは、今日もレッスン出来て、健康でいられて幸せだという感謝の気持ちですね。

いいなと思ったら、すぐ真似る

人には人それぞれの時計があるんです。よく浅利さんからも言われましたよ、「他人の時計は覗くな」って。早々にデビューして人気者になる人もいれば、年齢を重ねてからブレイクする人だっている。人を羨ましがってはいけない。それはその人の時計なんだから。

だけど、真似をすることはいいと思うんですよ。僕なんか、ほとんどそれですから。いいなと思ったら、すぐ真似る。これは中学生の頃からそうでしたね。誰かが参考書を持っていて、それが良さそうだと思ったら自分もすぐに買ってみる。僕は恥ずかしげもなく、人がいいなと思ったものを照れずにやれてしまうタイプなんです。

よく、志村けんさんの番組で芸者のおばちゃんのコントを志村さんと柄本明さんがやっているじゃないですか。「そういえばさ、私のとこではね」「こないだお前さんに10円貸したよね」とか、あのやりとりをすぐ僕も真似てやっているんですよ。けんさんの売れない芸者さんと、柄本さんの生意気な芸者さん、そこに〝いちやっこ〟みたいに僕も白塗りして3人で出てみたいなぁ、なんて想像したりして。「お前さんは鼻がでかいわね、あんたは顎が長いわね。そういや、あなたに貸した10円のことなんだけどさ……」みたいにね。

だけど、そうやって形から真似るためには、見るしかない！　見るということは一番の勉強になるんです。昔、舞台芸術学院の授業で美術があって、自分の手を描いたり、顔を描いたりしてね。それは絵を描くことによって、自分の手や顔を事細かに見るわけじゃないですか。細微にわたって見ることがすべてにおいて研究につながるんです。自分でメイクをする時だって、自分の顔をじっとよく見ながらやれば、自然と自分の顔に合ったメイクが上手に出来るようになる。だから、見ることは勉強。

役者は、出来るだけたくさんの芝居を見るべきだ、とも僕は思うんです。昔、新派の川口松太郎さんという劇作家が「1本の芝居を見るのは数冊の本を読むより勉強になる」と言ったそうです。今思えば本を読むより劇場に足を運べということなんでしょうか。番宣みたいなコメントだけど、やっぱり人の芝居を見るということは役者にとって一番の勉強のような気がします。

世界で一人だけのファントム

三谷幸喜さんが脚本のテレビドラマ『古畑任三郎』にゲスト出演したことがきっかけで、主演の田村正和さんにはとてもよくしていただいた。最初、僕が「田村さんと僕は似てますよね。だって、漢字4文字の名前の最初と最後を隠せば、〝村正〟で同じじゃないですか」って声をかけたら、不思議な喜び方をしてくれて。

当時、田村さんは、ニューヨークに行ったら必ず『オペラ座の怪人』を見ていたそうなんです。「君は『オペラ座の怪人』をやってたんだろ。もうやらないの？」って聞かれて、「あれは劇団四季が版権を持っていて、辞めた僕は出られないんです」って答えると、「じゃあ、誰かに版権を買ってもらえばいいじゃない」って。いやいや、そんな簡単に買えるような値段じゃないんですって、楽屋でそんな話をしてましたね。

その田村さんが「僕、歌えたらね、ファントムの役をやってみたいんだ」って言っていたんですよ。僕は「やりゃあ、いいじゃないですか」とけしかけたけど、田村さんは「やっぱり、あんな声は出ない」って、残念がっていた。田村さんにはファントムのたたずまいがあるなと、しみじみ思ってたんですよ。『眠狂四郎』の狂気を秘めた怪しい演技は、ファントムと一脈相通ずるところがあるし。

ファントムは、この〝狂気を秘める〟という一言に尽きる。ファントム役のオーディションで、ハロルド・プリンスから「目が危なかった」と言われたけど、その狂気がなければ、僕にあの役は務まらなかったはずだ。

正直に言うと、僕にとって、浅利慶太さんという存在がファントムそのものだった。「オーディションを受けてくれ。お前がもし受からなかったら、外部オーディションになってしまう」。そう言ったのは浅利さん。そして、僕が受かったら、「もういっぺんやってもらおう」とビデオをプリンスに送って、僕を降ろそうとしたのも浅利さん。そんな矛盾だらけの心理、嫉妬に近い愛憎がファントムの狂気なんですよ。ちょうどその頃、浅利さんには手塩にかけて育てていた女優さんがいてね。浅利さんとその女優さん二人が並んでいると、ファントムとクリスティーヌに見えたくらい。

ファントムが「これほどの辱めを決して許しはしないぞ」と怒りをあらわにする場面があるけど、まさにそういう浅利さんが抱いた愛憎を感じとることによって、僕の中で〝狂気を秘める〟演技が生まれていったんだと思う。初日の楽屋でも、「いつだって降ろすことは出来るからな」と浅利さんから言われたけれど、その言葉をいただいたことで、さらにファントムの心に近づけた気がするよ。

１９８９年暮れの紅白歌合戦へ奇跡的に出場して、「オペラ座の怪人」を歌った後、電話で浅利さんに報告すると、かなり皮肉を込めて「大変結構なものを見せてもらいました」と言われちゃってね。結局、その翌年にファントム役を降ろされて退団することになるんだけど、浅利さんの、この心中を察することが出来たからこそ、ファントムがやれたんだと思います。

２０１４年に『オペラ座の怪人』の続編にあたる『ラブ・ネバー・ダイ』を日生劇場で初演した時、浅利さんが見に来てくれたことがあったんですよ。一幕の後の休憩中に、まわりから「浅利さんじゃないですか」って騒がれちゃって、二幕は見ないで帰っちゃったようなんだけど。同じ劇団四季出身の濱田めぐみちゃんがクリスティーヌ役だったから、教え子の舞台として見に来てくれたんじゃないかな。浅利さんがどんな気持ちで客席にいたかは、もう確かめることは出来ないけれど。

そうそう、２０１６年の『市村座』の稽古が参宮橋の四季の稽古場の斜め前のスタジオで、間違って四季の稽古場に行ってしまった——というのはウソで、そのくらい近かったから、ある日、浅利さんの車のセンチュリーが停まっていたので思い切って訪ねてみたんだ。そしたら、退団した当時は僕の顔を見るとものすごい形相だった浅利さんが、この時は嬉しそうに「イチ、上がれ、上がれ！」と。「今、何の稽古してるんだ？」「市村座です！」「見たいなあ！」と30分ほど楽しく話しましたね。あの時の浅利さんの笑顔は、僕が四季に入団した時と同じ笑顔だった。２０１４年に四季の代表を退いた浅利さん（まさかそんな日が来るなんて！）と出会えて、まさに僕達の青春が蘇る時でした。

『ラブ・ネバー・ダイ』のファントム役は、初演は僕と鹿賀丈史、再演は僕と石丸幹二くんとでのダブルキャストになった。石丸くんは１９９０年に研究生として四季に入団して、すぐにラウル役に抜擢されたんだけど、ちょうど僕がファントムを降ろされた後で、共演は出来なかった。彼と親しく話をするようになったのは、『キャバレー』『ラ・カージュ・オ・フォール』『回転木馬』など、僕が退団後に出た舞台をよく見に来てくれて、楽屋に遊びに来るようになってから。これだけ人の芝居を見に来るんだから、良い役者になるだろうと思っていた。演技を〝盗もう〟という気持ちだけでも、すごい素質を持っているよ。四季時代の『壁抜け男』や『思い出を売る男』では、難しい役にも挑戦していたし。

石丸くんとダブルキャストと聞いて、まず最初に、「彼がファントムなら、僕がいつ倒れても代役をやってくれるな」と思った。だから稽古場では、初演のファントムとして、「ファントムならそういうことはやらない」とか「その動きはファントムじゃない！」とか、プリンスから受けたアドバイスをしてあげた。普通の役者だったらそんなこと言わないけど、石丸くんだからこそ言ってあげなくちゃいけないと感じてね。例えば、ファントムが子どものグスタフの髪に触れる時、触りたいけど触れない気持ちを伝授したなぁ。そういう心理を具体的に話してね。僕には浅利さんがそばにいたから〝狂気を秘める〟演技が生まれたけど、石丸くんには僕が何かを伝えなきゃと必死でした。『ラブ・ネバー・ダイ』のファントムを引き受けた時に、ある人から「イチは世界で一人だけのファントムだね」と言われた。どうも『オペラ座の怪人』のファントム役をやった役者がその10年後の『ラブ・ネバー・ダイ』のファントムを演じる、この順序で両方やった役者は、どうやら世界で僕一人だけらしいんだ。本当に光栄なことだと思うよ。長く役者をやっていると、いろんなことがあるんだね。

ライブで、目の前で起こっている

お芝居を見たことがある人にも、まだない人にもまず言いたいのは、先入観を持たずに劇場に来たほうがいいということ。自分の見方、選び方をまずは信じてみてください。十人十色というように、１０００人のお客さんがいたら、１０００通りのテーマがあるんですよ。例えば『ドライビング・ミス・デイジー』であれば、若い子が見るのと、中年が見るのと、ご高齢の方が見るのでも違うし、娘が見るのと息子が見るのとでも、見方が違うでしょう。それぞれに、自分の見方があるんです。だって自分でお金を出してるんだから、見たいように見ればいいんですよ。もちろん、その金額以上のものをこちらも与えたいですが、それはそれでなかなかきついな。

僕が『エクウス』に初めて出会った時、「これは一体どんな芝居なんだろうな」と思いながら、まわりの余計な雑念を一切入れないようにして、蛍光灯をつけて、コーヒーを置いて、台本を読み始めた途端に「うわあ！」って世界が広がったのと同じように、それぞれが感じられる世界ってあると思うんですよ。そうそう、今から50年前、僕が弱冠20歳で演劇学生だった頃、一番安いチケットを買って、当時は市川染五郎という名前だった、現・白鸚さんの『ラ・マンチャの男』を帝劇の最後列の席で見たんです。オープニングから最後まで瞳孔が開きっぱなしで、あの時の感動は今思っただけでも鳥肌ものですよ。そんな芝居に20歳で出会った奇跡に感謝です。それを50年間、染五郎さんから幸四郎さんになり、白鸚さんになって、昭和から平成、令和の時代になっても続けてやっていらっしゃるんだから、それも奇跡だと思いますね。

そういった経験を踏まえて言うなら、芝居は何も準備せずに見てショックを受けたもののほうが、記憶に残るし、いい体験になると思うんです。歌舞伎にしたって、難しいからといって事前に筋書を読むのではなく、感じたまま見て、あとでどんな役だったのか確認すればいいんじゃないかな。舞台ってとにかく虚構の世界ではあるけど、生身の人間が目の前で激しい人生を生きて見せてくれる。

見る方もやる方も人生懸けて劇場にいる。そんな空間が僕は大好きなんです。

第5章　僕はこんな舞台に立ってきた

『ミス・サイゴン』（写真提供／東宝演劇部）

『スクルージ ～クリスマス・キャロル～』（写真撮影／新潮社写真部）

レジェンドの『オペラ座の怪人』、パパになった『ラブ・ネバー・ダイ』

僕が『オペラ座の怪人』を初めて見たのは、1988年1月のニューヨーク、ブロードウェイのオープニングでした。その時の、マイケル・クロフォードが演じるファントムの表現方法が素晴らしかったので、僕にとってのファントムのイメージは永遠にマイケル・クロフォード。クロフォード以外はどうしても、やたら声の響く、歌のうまいおじさんに思えてしまうんだ。

その後、日本での上演に向け、ハロルド・プリンスが来日して僕に演出をつけてくれた。ブロードウェイでクロフォードの魂を盗んでおいた上に、さらにプリンスが演出してくれたとなれば、もうそれだけですごいものが出来上がるのは当然だよね。そういう、今まで一度も日本にはなかった作品を見た衝撃も相まって、きっとお客さんは大感動したんでしょう。僕がファントムを演じると、みんなしくしく泣いていましたから。「クリスティーヌは、何でファントムを選ばないの？」ってね。

僕が四季を辞めてからは、後任のキャストには悪いんだけど、「市村さん以外のファントムでは泣けない」なんて言ってくれる人もいて。辞めてからはずっと、僕はファントムを演じていないというのに、なぜかどんどんレジェンドと言われるようになっていた、そんな中で『ラブ・ネバー・ダイ』の話が来たんです。

もともとロンドンで、あの『オペラ座の怪人』のその後の物語をやっているらしいという話は聞いていたんだ。だけど良くない評判ばかりが耳に入っていたので、見たいと思っていなかった。だって、ファントムのお話なんだから。その後の話とはいえ、変なファントムの姿なんて僕は見たくないからさ。

だけど何年か経ち、オーストラリアで新演出版が始まると、それがすごく好評だと耳にして、まずDVDで見てみたら、本当に良く出来ていたんだよ。これならいいじゃない、イッちゃんが良ければやろうよとホリプロが言ってくれて。ただ長丁場の公演になるからシングルキャストは厳しいと、この作品もまた鹿賀丈史とのダブルキャストで実現出来ることになり、より面白い舞台になったわけです。

それにしても、自分が過去に演じて、レジェンドのように言われ続けていた役に再び取り組めるなんて、おまけに今度はファントムに子どもが出来ていたという設定。その頃僕にも二人の子どもがいて、実生活でもパパになったもんだから、実感もものすごく湧いてくるんですよ。

なんだか、不思議だよね。芝居の神様も、ここに来て粋なことを仕掛けるものだなあと思ったよ。

ヘリコプターの音が聞こえる『ミス・サイゴン』

それにしても『ミス・サイゴン』の舞台装置は、まあ、すごかったよね。なんたって初演では、実物大のヘリコプターが登場したんだから。あれは、ものすごい迫力だった。キャデラックだって本物と同じサイズの、エンジンを抜いたバージョンだった。あのキャデラックも、再演を重ねるごとに小さくなって、ちょっと遠近法を活かしたサイズのキャデラックになっていてね。だから特に身体が大きい別所哲也くんが乗っかっている時は、なんだか車が小さく見えてしまって。あれは、ちょっと気の毒だったな。

初演の、その大きなヘリコプターを舞台に出すことが出来る劇場は、帝国劇場だけだった。再演の時の装置はイギリスの地方公演だかのセットで、スケールは一緒だった。上演出来るのは帝国劇場と博多座だけだった。名古屋や大阪に行けたのは、２０１２年の新演出版に変わってから。その新演出バージョンは、東京ではめぐろパーシモンホールでやってから青山劇場でやり、そのあと広島公演から全国の旅公演に出発した。あの時は確か、山崎育三郎も一緒に出ていたんじゃなかったかな。そしてこの時のエンジニアは僕一人、シングルキャスト。旅公演だから、1週間10ステージやるなんてこともなく、せいぜい1カ所で3、4ステージだから出来たことだけど。この時は東京と大阪のほか、広島、愛知、山梨、神奈川、宮城、福岡、静岡、熊本、長野、岩手、新潟と、かなり多くの都市を回れたね。

それまでずっと帝劇と博多座でしか鳴らせなかったヘリコプターの音が、いろいろな都市の劇場で聞かせることが出来たことは、出ている僕も本当に嬉しかった。四季にいた頃は本当にしょっちゅう全国公演に出ていたから、各都市で以前に上演した『ウエストサイド物語』の時のことや『コーラスライン』の時のことや、当時の仲間たちのことをたくさん思い出しましたね。そういう、馴染みのある劇場にパタパタパタパタ……ってヘリコプターの音が聞こえてきて、それを各地のお客さんに見てもらえている。その事実に僕は、毎回打ち震えていたんです。

２０１４年版の時には、初日から何回かステージに出た時点で、胃がんが見つかって降板することになってしまった。その後は駒田一くんと、途中からは筧利夫くんも駆けつけて代わりにエンジニアをやってくれて、本当にありがたかったなあ。２０１６年版は、僕と駒田くんとダイアモンド☆ユカイちゃんのトリプルキャストで。そして次の２０２０年のエンジニアは駒田くんと、伊礼彼方くん、東山義久くんだから４人のエンジニアになるんですよ。でも割合にすると僕は半分くらいのステージに立つ予定になっている。ま、やろうと思えばもっとやれるんだけどさ。

次の公演でもまた、仙台とか盛岡とか札幌とか、地方の劇場にも行けることが本当に嬉しい。あのヘリコプターの音が、ここでもあそこでも聞けるというこの状況に、僕は心から感謝してるんですよ。

感情のエキスが出る『ウエストサイド物語』

踊りとはどういうものかということを、僕は『ウエストサイド物語』という作品から随分教わったと思っている。ジャンプ一つするのにも、この作品の場合は必ず意味があるんだ。これほど感情と振付が一致している作品はないからね。

例えば、リフとジェット団が踊る「クール」というナンバー。僕らが四季で初演する何年か前に、外国版の『ウエストサイド物語』を呼んでいて、その時の稽古では外国人ダンサーたちが舞台袖に酸素ボンベを置いて踊っていたそうです。テンポがちょっとでも速くなったら死ぬかもってくらいギリギリのテンポなの。だけどゆっくりにしてしまうと、今度はジャンプして空中で止まっていることなんか出来ないから成立しない。結局、そのギリギリのテンポで踊り続けなければいけないというわけ。もしオケの指揮者がその日の気分で早いテンポにしたら、ダンサーがバタバタ倒れちゃうような、そんなハードなナンバーなんですよ。

僕らがこの曲を稽古した時、何度踊っても外国人の演出家（若い頃、僕と同じベイビー・ジョーンを演じた）に「もう一度、頭から」って言われてね。そのうち「これは踊りじゃない、もっと感情を出すんだ、それが『クール』なんだ」と言われたんだけど、もう何回も踊るうちにヘロヘロになってしまって、もう足は上がらない、ジャンプも出来ない。でもそんな限界状態になったことで、感情のエキスみたいなものがちょっと出てきたみたいで、「それだ、それを忘れるな」って、ようやくOKが出た。やはり『ウエストサイド物語』の振付というのは、単なる踊りではないんです。そのことを、僕は弱冠24、25歳で学べたんだから、本当にありがたい経験だったと思う。

『ウエストサイド物語』は、ルーツの違う二つの移民グループが争いを起こしているという話で、そんな中で罪もない人間が殺されてしまう。しかも、まるで子どものケンカみたいな状況で。それを悲劇として表現するためには、単なるきれいごとではなくて、感情のエキス、魂や血みたいなものが芝居に滲み出てこないと『ウエストサイド物語』にはならない。だからこそ、切ないんです。実に名作だよね。

母ちゃんに感謝した『ラ・カージュ・オ・フォール』

実感したこと、体験したことが演技につながるという経験はこれまで何回もあった。『ラ・カージュ・オ・フォール』がまさにそうだったね。

『ミス・サイゴン』をやり終えたあと、『キャバレー』を前田美波里さんと草刈正雄さんと僕とでやっている時に、ミュージカル『ラ・カージュ・オ・フォール』をジョルジュ役は細川俊之さんで、ザザ役は僕で、という話が来たんですよ。それで『ラ・カージュ・オ・フォール』の稽古をやりながら、『キャバレー』の本番をやっていたんだけど、そんな時に母が脳梗塞で倒れてしまって。

慌てて病院に行くと、脳梗塞だからちょっと麻痺が残って、言葉がうまく喋れなくなってしまったんだ。それなのに「お前は大丈夫なのか」って、自分よりもまず息子の身体を心配してくれてね。「いやいや俺のことより母ちゃんだよ」って言ったんだけど、

「母ちゃんは大丈夫、それよりお前は大丈夫なのか」って、何度も繰り返すんだ。その時に「ああ、ザザは子どものことだけ思ってりゃいいんだ、それが母親というものなんだ」と、気づいたんですよ。オカマっぽくとか、ナイトクラブの看板スターっぽく見せようと演技をするのではなく、とにかく子ども、ミッシェルのことだけ考えていればそれでいいんだ、と。ま、ちょっと過保護過ぎるところもあるけどね。それも含めて、ザザなんだよ。

そうやって芝居のよりどころが見つかると、そこに一気に向かって行ける。だから『ラ・カージュ・オ・フォール』は、本当に母ちゃんに感謝した。

2008年にジョルジュ役が鹿賀丈史に代わってからも、息子ミッシェルとのシーンの時は、母ちゃんの「お前は大丈夫なのか」という気持ちを芝居に込めているんだ。母ちゃんは2012年に亡くなったんだけど、その前日に僕の次男が生まれている。親と子、そしてまたその子どもの絆って、こうやって綿々とつながっていくんだね。

やれること自体が幸せだった『NINAGAWA・マクベス』

シェイクスピアの四大悲劇の一つ『マクベス』を原作に、舞台を日本の安土桃山時代に置き換えた『NINAGAWA・マクベス』。演出家の蜷川幸雄さんにとっては、30年以上前に一度完成していたこの作品へ、僕は新たなマクベス役として参加することになった。つまりそれは、僕がどこに向かうべきかを、演出家はもう分かっているということになるよね。

最初に演出助手の方から、平幹二朗さんの出られていた1980年の舞台を勉強しておくようにと言われていたので、資料映像を見て、平さんがどこで打掛を取って、どのタイミングでセリフを口にするのか、毎日のようにチェックしていたんだ。でも、いざ稽古が始まると、「なに、前回のを見ちゃったの？ 前の舞台のことは忘れて」と、蜷川さんに言われてしまって。要するに、演出のスタイルは変えないけれども、俳優が変われば芝居は自然と変わるんだから、と。さすがニーナだなあと思った。

一度見てしまったものを忘れる作業が大変でしたよ、だってもう見ちゃったから。それが頭の中に残っていて、「何でセンターに立つの？ 主役だからいつもセンターにいるなんておかしいだろう？ ちょっとはずれてごらん」って言われてしまったり。マクベス夫人が亡くなったことを聞いて、彼女の打掛を持つ場面では、「ダメ、それじゃあミノムシみたいだ」と。そのあとも「もっとかっこよく出来ないの」「それはかっこつけすぎだ」……って、蜷川さんの千本ノックが始まった。挙句の果てに、「イッちゃんさあ、あんた出来る人だったよね。何で急に出来なくなっちゃったの？」だって。それは僕の頭に、既に前回の舞台の様子が入ってしまったからなんだけど……そんな言い訳は出来ないよね。

しまいには、あまりにダメ出しされ過ぎて、右だか左だかもよく分からなくなってきたから、「すみません、今日はちょっとここで勘弁してください。改めて研究してきます」って申し出た。そうしたら蜷川さんも「分かった。じゃあ、この場面は少し時間をおこう」と言ってくれてね。まあ、ニーナ相手に「今日は勘弁してくれ」って言う自分も相当だなと思ったけどさ。

この芝居では舞台稽古で半月板を傷めてしまってね。だけど翌日が初日だったから、もうとにかくテーピングをして、さまざまなプロテクターやらサポーターやらを装着して、なんとか最後までやり通した。すべてが終わってから手術したんですけど、お医者さんからは「こんな状態でよくやり通しましたね」って言われちゃいました。もちろん痛かったんだけど、楽日までやり通せたのは、やっぱりニーナの期待を裏切りたくなかったんですよ。僕にとっては、『NINAGAWA・マクベス』は、やれること自体が生きがいであり、誇りであり、幸せなんです。痛いことくらい屁の河童でしたよ（そうそう、舞台装置は妹尾河童さんでした）。

その後、『NINAGAWA・マクベス』は彩の国さいたま芸術劇場で再演して、そこからなんと海外公演ですよ。すでに蜷川さんは亡くなっていたから、きっと天国から見てくれているだろうということで、追悼公演になった。

まず2017年に香港、ロンドン、プリマス、シンガポール。プリマスにわざわざニューヨークリンカーンセンターの芸術監督の方が来てくれて、若い時に蜷川さんの『NINAGAWA・マクベス』を見て、自分がリンカーンセンターの芸術監督になったらぜひこの作品を呼びたいと言ってくれて、その翌年の2018年、ニューヨークだけの公演が成立した。ロンドン公演の時はかなり緊張したんだ。だってシェイクスピア本場の土地ですよ。心臓バクバクでした。でも、初めてのニューヨークリンカーンセンター公演の時は「ニューヨークっ子に見せてやろうじゃないか」くらいの自信でやりました。2500人収容の大きな劇場は毎公演満杯になって、あっという間に終わってしまった。総立ちのスタンディングオベーション。劇場には、蜷川さんの奥さんと娘の実花ちゃんも来てくれていて、僕は胸がいっぱいになってしまったよ。

僕に大きなチャンスをくれただけでなく、海外の舞台に立つ幸せを教えてくれた蜷川さんには、今でも感謝ばかりです。

神様がいる『屋根の上のヴァイオリン弾き』

初めて『屋根の上のヴァイオリン弾き』への出演オファーがきた時、僕は仕立屋のモーテル役で呼ばれたのかと思ったんだ。なぜかというと、そもそもモーテルの初演キャストは市川染五郎（現・松本白鸚）さんで、あの役は二枚目枠だったから……って、ちょっと、笑わないでよ。

だけどテヴィエ役のオファーだと聞いて、驚いた。だってテヴィエといったら、森繁久彌さんがやり、上條恒彦さんもやり、ちょっと前までは西田敏行さんがやってた役ですからね。その役が自分に、と不思議に思いながらも、テヴィエのコスチュームを着てポスター用に撮った写真を見たら、どこからどう見てもテヴィエだった。この時ばかりは、僕ほど自分のことを分かっていない人間はいないなと思ったね。

『屋根の上のヴァイオリン弾き』は、娘たちとのエピソードがとても多い。僕自身は二人の男の子の父親で、娘を持った経験はないんだけれども、この物語って、子どもというものは親の思い通りにはいかないものだ、という話でもあるんだ。テヴィエは娘たちの幸せを願っているのに、長女のツァイテルは貧乏人の仕立屋モーテルと一緒になっちゃうし、次女のホーデルは革命家を追ってシベリアへ。三女のチャヴァに至っては、ロシア人と結婚して駆け落ちしちゃうんだから。子どもが親の思い通りに育つなんて、とんでもなく珍しいことなんじゃないかって思ってしまう。

この物語にお客さんが共感してくださる部分といえば、もう一つ、そうやって子どもが思うようにいかない時に、夫婦で愛を再確認するところだろうね。テヴィエが「愛してるかい」って話しかけると、奥さんのゴールデに「ばか言ってんじゃないよ」って怒られるところなんて最高だね。娘たちが親元を去っていく場面では、芝居なんだけどいつもグッときてます。

そんなテヴィエ役は、やっぱり森繁久彌さんの印象が強いよね。森繁さんが初めてテヴィエをやった年齢が54歳らしいんだけど、僕がオファーをいただいたのも54歳。実は、西村晃さんの付き人をしていた頃、僕は森繁さんとしょっちゅうご一緒する機会があったんですよ。それから30年以上経ち、テヴィエの役が回ってきたんだけど、残念ながら僕の本番は森繁さんに見てはもらえなかった。噂によると、西田さんの時は森繁さんが頻繁に訪ねて来て、あそこはこうだ、ここはこうだって助言をされたらしいんだけど。

そういえば、ブロードウェイでデヴィッド・ルヴォーさんが演出した『屋根の上のヴァイオリン弾き』も見に行ったよ。何かを学ぼうと思って。日本版とは全然違う演出で、とても面白かった。終演後、ルヴォーに、「今度、僕もテヴィエをやるので、何か一言アドバイスをください」とお願いしたら、「ゴッド、神だ」と言われて、なるほど！と納得したね。

基本的に、テヴィエはいつも神様と話している。「神様おはようございます」、「神様、今日はいい天気ですね」って。だから、テヴィエは客席を向いているようで、実は神様に向かって語りかけているんだよね。僕の場合は、舞台から見て、センターよりちょっと右、その劇場の一番奥を、何かあるたびに必ず見る。テヴィエにとっては、もう一人出演者がいるような感覚だね。話によると、森繁さんはその神様を意識する時に照明のライトを見つめていたそうで、そのせいで目を悪くされてしまったらしい。森繁さんのケアをしていた知り合いのスポーツトレーナーさんが「イッちゃん、神様を見る時にはピンスポットは見ちゃダメだよ。ピンじゃないところで神様を見つけてね」って。それもあって、僕の神様はセンターではなく、ちょっと右の一番奥にいつもいるんですよ。

子役たちも見逃せない『スクルージ～クリスマス・キャロル～』

僕がミュージカル『スクルージ～クリスマス・キャロル～』に出ることになったのは、

まだ40代の頃だった。だいたい、スクルージの年齢設定が本当は何歳なのか分からないけど、実際いくつなんだろう。

２０１８年公開の映画『Merry Christmas! 〜ロンドンに奇跡を起こした男〜』では、80代後半のクリストファー・プラマーがスクルージを演じていたから（ちなみに日本語吹替版では僕がプラマーの吹替を担当）、そう考えると、70歳の僕ではまだ若いかも。でも、スクルージって、ずっと出ずっぱりで歌いっぱなしだから、かなりハードな役なんだよ。だから若いうちに、それこそ40代半ばで演じ始めたのは、エネルギー的にはちょうどよかったのかもしれないね。

ディケンズの小説『クリスマス・キャロル』が原作だから、ストーリー自体はよく知られているけど、この作品の一番の肝は、スクルージの過去が暴かれるというか、精霊によって自分の過去を見せつけられるところ。そこでようやく大事なことに気がついて、残りの人生をどう生きるのかを考え直すという物語だからね。自分がやり直せば、自分が行動を起こせば、物事は変わっていくというのがテーマなんだ。スクルージを演じるにあたって、その時々の自分の過去、現在、未来を確認し、これからの役者市村はどこに向かっていけばいいのか、考えさせてくれる芝居なんですよ。

そうそう、このミュージカルは、大勢の子どもたちが出てくるところも見逃せない。

例えば、森山未來くんは小学校5年生くらいの頃に出ていて、いつもヒップホップ系の踊りを踊っていたな。その彼が、いまや大河ドラマで古今亭志ん生を演じているんだからね。あの頃スクルージじいさんを見る時の目つきが、ちょっと挑戦的だった。だからこそ、ここまで来れたんじゃないかな。いろいろ苦労して、たくさん努力して、すごい役者になったと思う。たくさんいた子役の中で、あの「なめられてたまるか！」っていうような目はちょっと忘れられないな。地方公演の時に偶然、大人になった彼と会って、一緒に酒を飲んだこともあった。

未來くんの他にも、子役時代に『スクルージ』に出ていて、後に女優さんや舞台の裏方、そしてドラマのプロデューサーになった子もいる。そうそう、加藤憲史郎くんも出ていたね。憲ちゃんは、僕と一番共演が多い子役なんじゃないかな。『スクルージ』に『モーツァルト！』、『ミス・サイゴン』、そして『ラブ・ネバー・ダイ』。４つも共演している子役なんて、他にいないよ。

草笛さんあっての『ドライビング・ミス・デイジー』

森新太郎さんに初めて演出してもらったのが、『ドライビング・ミス・デイジー』だった。デイジーが草笛光子さんで、ドライバーのホークが僕、そしてデイジーの息子ブーリーが堀部圭亮くん。出演者がその3人しかいない、本当に良いお芝居でした。

この作品の前に、森さんは『奇跡の人』を演出されていたんだけど、あれはサリバン先生がヘレン・ケラーを教育するお話でしょう。それを彷彿とさせるように、『ドライビング・ミス・デイジー』では、まるで森さんがサリバン先生で、草笛光子さんがヘレン・ケラーのようで、結構激しい稽古だったんだ。

森さんはしっかりダメ出しをする演出家で、草笛さんが85歳であろうが何であろうが関係なく、ものすごい勢いでダメ出ししていました。それを受け入れる草笛さんもすごかったなあ。もちろん僕や堀部圭亮くんにも、ほとんど毎日ダメ出し。稽古だけでなく本番でも、終わったらその日のうちにダメ出し。そういえば、僕が今まで出会った素晴らしい演出家は、全員がダメ出しをする人ばかりだね。きっと僕が厳しい演出家を呼び寄せてしまうんだな。

この舞台は、草笛さんとは25年ぶりの共演だったんだけど、稽古が始まる数カ月前、僕がマグマヨガに行っていることを誰かに聞いたらしく「連れてって！」と言うので一度お連れしたんです。でも、スタジオに一歩入っただけで、草笛さんが「……暑い！」って真顔で言うの。「マグマだから、そういうものなんです」って説明したんですが、

「暑い！　もっと温度を下げて」って。「みんな、この暑い中でヨガをやりたくて来てるんだから、草笛さんのワガママで温度を下げる訳に行かないんですよ」って説得しました。でも最後までレッスンを受けた草笛さんがすごい！　その後は「連れてって！」と二度と言いませんでしたが。

先日、草笛さんからご馳走になる機会があって、堀部くんと一緒に行ってきた。そこで「『ドライビング・ミス・デイジー』を、また近いうちにやりたいね」と提案したら、草笛さんも「私も、まだまだやれそうよ」と言ってくれて、嬉しかったな。森さんが厳しい演出家だから、実は僕、恐る恐る口にしたんですけど。

でも本当にいい作品だから、ぜひ再演したいですね。

（ちょっと長めの）あとがき

よくインタビューで、「お客様には、作品のどこを見てほしいですか」という質問をされるんだけど、本音を言えば、「ここを見てほしい」なんて思ったことがないんだよ。だって、お客さんがそれぞれのセンスで、好きなように見て、感じてほしいから。どこをチョイスするのか、お客さん一人一人違うだろうし、見方もそれぞれ違うはずだからね。

役者だって、セリフに出て来る言葉の解釈は人それぞれ。

『青い鳥』の中に出てくる「お墓の中から花が咲いて」というセリフにしてもさ、意味が分からないなと思っていた時、ちょうどお彼岸に、青山墓地の近くを通って、お墓がお花畑のようになっていた。「ああ、そうか、お花は生きてる人が亡くなった人を供養する時に飾るから、これは亡くなった人のことをよく思い出せという意味なんだ」と気づいた。文学とか、学問として正解じゃなくてもいいの。セリフから、その背景にある意味を役者が自由に考えることが重要なんだと思う。同じように、お客さんも自由に舞台を見て、自分の感性、つまりどのアンテナに引っ掛かるかを自由に楽しんでほしい。それはもう、どんなアンテナでもいいんだよ。

見た感想が、「なんだか難しかったな、でも面白かったな」だけでもいい。よく思うのは、いい芝居で難しいものこそ、もう一度見たいと感じるものなんだよね。難解と言われるシェイクスピアの『ハムレット』が、日本中、世界中でしょっちゅう上演される理由は、そのあたりにもあるんじゃないかと思う。

僕は50年近く役者をやっているけど、最近、舞台って人生を生きれば生きるほど面白いものだなと思っている。実際に、芝居を見ることで本当に人生は変わるんだ。物語自体に感動することもあるし、自分でしか出来ない発見もたくさんある。

高校3年の時、新制作座という劇団の『青春』という舞台を川越の市民会館で見たんだけど、照明の色が本当にきれいだったことがいまだに記憶に強く残っている。今まで一度も見たことがない、実にきれいな世界がそこにあったんだ。その衝撃がきっかけで、僕の人生は確実に変わっていったからね。

そして高校卒業間近に見た僕を舞台の道へといざなった『オットーと呼ばれる日本

人』は、高校生の僕にとっては少し難しい舞台だったよ、だってゾルゲ事件、スパイの話だからね。でも、なにかが良かったんだ。明らかにそこには激しい人生があったんだ。この1本の芝居で、僕の人生は決まった。

舞台は、その場に生身の人間がいる。生の声が直接、聞こえてくるんだから、まさにライブだよ。物語は同じでも、舞台の上で起こることはその日の、その1回だけ。明日は同じ内容でも全く違うものになっているんだ。そこにしか存在しえない世界を、思うがまま、味わいに来てみてほしいですね。

これはもう大いなる自慢になっちゃうんだけれども、僕の『オペラ座の怪人』はぜひ一度は見てほしいって思うんだよ。

先日、いつも僕の舞台を見に来てくれているマグマヨガ友だちのお母さまが、「この間、ブロードウェイに行って『オペラ座の怪人』を見て来たんです。良かったですねえ、でもやっぱり市村さんのが見たい。またぜひやってください!」って言うんですよ。いやいや、あれは劇団四季に戻らないと出来ないんですよって。だけど、似たようなことはいろいろな人たちから言われ続けているんだ、「市村さんのファントムが見たかった」ってね。それもあって、僕が一番見てもらいたい演目というと、やっぱり『オペラ座の怪人』になってしまうのかな。

僕の舞台を見てくれたお客さんからとても人気が高いのは、『ラ・カージュ・オ・フォール』。初演はジョルジュ役を岡田真澄さん、ザザ役を近藤正臣さんがやっていたんだけれど、ある時からザザ役が僕のところに来て、それからずっと僕なんだ。最初の頃は40代半ばだったから、自分で言うから確かなんだけど、僕のザザはきれいだった。それがだんだん年を取ってきて、だんだん本当のザザに近づいてつまり酷くなってきてる。もう26年もやっているからね。ひとつの役をこんなに長期間演じるって本当に嬉しいよね。普通は次の俳優、次の俳優とつながっていくものなんだ。『屋根の上のヴァイオリン弾き』のテヴィエ役が、森繁さんから上條さん、西田さん、僕と代わってきたようにね。『オペラ座の怪人』にしたって、僕が辞めたあと、どれだけの俳優がファントムを演じてきているか。

だけど、古希を迎えてふと思うのは、やっぱりいつかは演じ続けてきた役とさよならしていかなければならないんだろうなということ。それは徐々に、現実になっていくんだろうな。『スクルージ』に限っては、年を取れば取るほど役に近づいていくからいいんだけれども。

『ミス・サイゴン』は、もう今回（2020年5月から）が最後だろうなと、自分では思っている。だから、ぜひとも、有終の美を飾って終わりたいと意気込んでいますよ。

エンジニアという役も、初演で演じてから28年になる。最初は絶対にこの役をつかんでやるという気迫が身体に表れていたから、オーディション会場に行った時にエンジニアが入って来たと思ってもらえた。今は、あの時の「なんとしてもこの役をつかんでやる」という想いともまたちょっと違って、「この役は俺だ！」っていう気持ちでやっているんだ。今までエンジニアを演じた役者は、笹野高史さんに、筧利夫ちゃん、橋本さとしくん、別所哲也くん、駒田一くん、ダイアモンド☆ユカイくんに、次は伊礼彼方くんと東山義久くん。僕以外には、まだ8人もいるんだよ。そんな中、いまだにずっとエンジニア役を手離さないでいる僕の執念もすごいと思わない？

10年前『ミス・サイゴン』を上演していた時、楽屋に来ていた当時1歳の長男がオープニングでパタパタパタ……とヘリコプターの音からイントロが始まると、「ウッウウッウッウウッ」と言いながら、ものすごく興奮していたんだよ。「きっと、このミュージカルが好きなんだな」って思っていたら、やがて彼が2歳、3歳くらいになって、今度は僕が『屋根の上のヴァイオリン弾き』をやっている時、自分で牛乳の荷車みたいなものを作って、つばのある帽子をかぶり、タオルをひっかけてポーズを決めていたんだ。最近では弟と一緒に『ミス・サイゴン』ごっこをして遊んでいる。

カエルの子はカエルって言うけれど、この子たちは大きくなったら何になるんだろう。僕はこうして大好きな役者の仕事でここまで楽しく生きて来られたからね。息子たちにも、好きなことを見つけて欲しい。

今のところは「パパのような役者になりたい」と、バレエを習ったりタップを習ったり。でもときどきは、「役者になんかなりたくない」とも言っている。果たしてどっちが本音なのかなあ。

まあ、思春期を迎えて親に反抗したそのあとに彼らがどんな好きなものを見つけるか。それが、今から楽しみでしかたがない。


俳優を目指す若い人たちへ、僕から偉そうに言うことなんて何もないよ。

役者として大事なことは「自分で見つけなさい」とだけ言いたいね。とにかく多くの作品を自分の目で見ること。すべてを自分の目と心と、自分の発想で見ることしかないんだと思うし、僕はそうしてきた。

自分の中に籠もって、ただ考えているだけではダメなんだ。何かしら興味を惹く本を読んだり、好きな映画を見たり、外の世界に出て、とにかくさまざまな状況を見る。そして今の自分を客観的に見る。僕自身も生きている限りは、もっともっとたくさんのものを見ないといけないと思っているんだ。

僕は今まで、芝居の事についてああだこうだと話すことはなかったんです。でも古希を迎えてこの本を出すことになった時、「そうだ、今の僕で話せることはこれから出会う後輩たちにたくさん話してあげよう」と思ったんです。

それが先輩としての義務だと感じたのは、人間国宝の坂東玉三郎さんの楽屋に行った時、幕間で休むことなく若手の役者さん、裏方さんへ実に細かくダメ出ししているその姿を見て、僕も伝えられることは伝えていかなくてはいけないと思って。でも本当は教えられたものより、盗んだもののほうが自分の力になるんだけどね。盗むということはこの役者の世界に許されている特権なんです。

これまで、僕が盗みたかったものを知りたい？　それはやっぱり、鹿賀丈史の裏声。あの、きれいなファルセット。あとは、加藤敬二の足腰のしなやかさ。片岡仁左衛門さんの『女殺油地獄』の時のあの目つき。勘三郎さんの活きの良さ。バリシニコフのバレエのテクニック等々……若い頃に羨ましいと思っていたものを挙げてみたけど、こればかりはキリがないな。

自分の子どもたちのことも含めてなんだけれども、若い人、まだ仕事に就いてない人たちには、とにかく自分が情熱を捧げられるものを見つけてほしいんだ。何かのために、誰かのためにすることではなく、自分が心の底からこれをやりたいんだという、そんな情熱を傾けられるものを見つけてほしい。それはなんでもいいんだ、たまたま僕はそれが芝居だっただけなので。もしかすると野球かもしれないし、サッカーかもしれない、映画監督でもいいし、魚屋さんだっていい。情熱を注げるものを、なんとか見つけてほしい。

ここまでやってこれたのも、その情熱があったからこそ。『エクウス』の中に「医者は情熱を破壊することが出来る、だが創り出すことは出来ないんだ」というセリフがあるけど、役者は情熱を創り出すことが出来ると思うんだよ。僕も、こうして何歳になろうと、いまだに毎回激しい人生を生きている。まだまだ、僕の情熱は消えていないんだ。

情熱、パッションという言葉には、同時に受難という意味もある。自分のやりたいことを見つけ、続けるためには、やっぱり茨の道を切り開いて突き進み、もがき、あがいて、そしてようやく到達出来るもの。その苦労を苦労として見るのか、見ないのかは自分次第だと思う。良い芝居を見に行った時は「よし、俺〝も〟頑張ろう」って思う。ひどい芝居の時は「よし、俺〝は〟頑張ろう」って。どっちにしたって結局は頑張るだけなんだよ。なぜなら、それは好きで選んだ道だから。仕事、情熱を捧げられる仕事だからさ。

舞台に立つ仕事をずっと続けてきて、いつも思うんだ。僕にとって、役者ほど素敵な商売はない、と。

『市村座 2016』（写真提供／ホリプロ）

市村正親　舞台出演リスト

【劇団四季】

1973年	6月～ 7月	イエス・キリスト＝スーパースター
	7月	ゆかいなどろぼうたち
1974年	2月	ウエストサイド物語
	4月～ 5月	キューちゃんの鐘
	7月～ 8月	ウエストサイド物語
	8月	キューちゃんの鐘
	10月～12月	ウエストサイド物語
	10月～11月	キューちゃんの鐘
1975年	5月	ヴェローナの恋人たち
	6月～ 9月	雪ん子
	7月～ 8月	ヴェローナの恋人たち
	10月～12月	ヴェローナの恋人たち
	11月～12月	エクウス
1976年	1月～ 3月	エクウス
	4月	ジーザス・クライスト＝スーパースター
	4月～ 6月	ブレーメンの音楽隊
	7月	ジーザス・クライスト＝スーパースター
	8月	ブレーメンの音楽隊
	8月～10月	エクウス
	10月～12月	ジーザス・クライスト＝スーパースター
	12月	青い鳥
1977年	1月	ジーザス・クライスト＝スーパースター
	6月～ 9月	ヴェニスの商人
	9月～10月	ウエストサイド物語
1978年	1月～ 2月	カッコーの巣をこえて
	2月～ 4月	エクウス
	5月	カッコーの巣をこえて
	7月	王様の耳はロバの耳
	8月	ヴェニスの商人
	9月～10月	ひばり
	10月～12月	ウエストサイド物語
1979年	1月	ジーザス・クライスト＝スーパースター
	3月	越路吹雪ドラマチックリサイタル
	4月	ウエストサイド物語
	6月	リトル・ナイト・ミュージック
	6月	人間になりたがった猫
	7月	ジーザス・クライスト＝スーパースター
	9月～10月	人間になりたがった猫

市村正親　舞台出演リスト

	9月	コーラスライン
	11月～12月	青い鳥
1980年	1月～ 2月	コーラスライン
	7月	かもめ
	9月～12月	コーラスライン
	9月～10月	エレファントマン
	10月	かもめ
1981年	4月～ 5月	ジーザス・クライスト＝スーパースター
	5月～ 7月	エレファントマン
	7月	エクウス
	7月～ 8月	人間になりたがった猫
	9月～11月	コーラスライン
	11月	人間になりたがった猫
1982年	3月～ 4月	エビータ
	5月	コーラスライン
	7月	アプローズ
	8月	人間になりたがった猫
	9月～12月	エビータ
1983年	1月	エビータ
	2月	ユリディス
	2月～ 3月	アプローズ
	5月～ 6月	アンデルセン物語（ハンス）
	6月	フェードル
	7月	ジーザス・クライスト＝スーパースター
	8月	人間になりたがった猫
	9月～10月	アプローズ
	10月	エクウス
1984年	1月～11月	キャッツ（1週間のみ）
	3月～ 4月	日曜はダメよ！
	8月	人間になりたがった猫
	9月～12月	日曜はダメよ！
1985年	1月～ 2月	トロイ戦争は起こらないだろう
	3月～10月	コーラスライン
	11月～12月	ドリーミング
1986年	1月～ 2月	ドリーミング
	1月～ 4月	キャッツ
	6月	エクウス
	8月	オーファンズ～孤児たち～
	9月	コーラスライン
	11月	ロミオとジュリエット
1987年	1月～ 5月	キャッツ
	1月～ 2月	ハンス
	2月	ロミオとジュリエット

	4月～ 5月	ハンス
	4月～ 5月	ジーザス・クライスト＝スーパースター
	6月～10月	夢から醒めた夢
	6月～ 7月	コーラスライン
	8月	オーファンズ～孤児たち～
	9月～12月	ジーザス・クライスト＝スーパースター
	12月	ハンス
1988年	1月～ 2月	35ステップス
	4月～ 9月	オペラ座の怪人
	10月～11月	ハンス
	12月	オペラ座の怪人
1989年	1月～ 7月	オペラ座の怪人
	10月	M.バタフライ
	11月	夢から醒めた夢
1990年	1月	M.バタフライ
	2月	ハンス
	4月～ 5月	M.バタフライ
	10月	エクウス
【退団後】		
1991年	7月	おちも墜ちたり
	10月～11月	ラヴ・レターズ
1992年	4月～12月	ミス・サイゴン
1993年	1月～ 9月	ミス・サイゴン
	10月～11月	キャバレー
	12月	ラ・カージュ・オ・フォール
1994年	1月	ラ・カージュ・オ・フォール
	3月	ラヴ
	6月	お夏狂乱
	7月	そして誰もいなくなった
	9月～11月	キャバレー
	12月	スクルージ
1995年	1月	スクルージ
	5月～ 9月	回転木馬
	10月	越前竹人形
	12月	SHE LOVES ME
1996年	1月～ 3月	ラヴ
	4月～ 5月	回転木馬
	7月～ 8月	回転木馬
	10月～11月	蜘蛛女のキス
	12月	クリスマス・キャロル

市村正親　舞台出演リスト

1997年	3月	SHE LOVES ME
	5月	市村座 唄う旗揚げ公演
	8月	SHE LOVES ME
	8月	ラヴ・レターズ
	10月	ラ・カージュ・オ・フォール
	12月	スクルージ
	12月	ラヴ・レターズ
1998年	2月	ザッツ・ジャパニーズ・ミュージカル
	3月～ 5月	ミザリー
	5月～ 8月	蜘蛛女のキス
	9月	モーツァルトの手紙
	10月	市村座
	11月	SHE LOVES ME
	12月	クリスマス・キャロル
1999年	1月	クリスマス・キャロル
	2月～ 3月	リチャード三世
	4月	ラ・カージュ・オ・フォール
	6月	ART
	8月	ラ・カージュ・オ・フォール
	8月31日	サイトウ・キネン・フェスティバル松本
	9月 2日	サイトウ・キネン・フェスティバル松本
	9月～10月	KUNISADA 国定忠治
	10月	ラヴ・レターズ
	11月	唄う市村座
	12月	スクルージ
2000年	2月～ 3月	ニジンスキー
	3月	時は･･･今
	5月～ 6月	市村座
	6月～ 7月	ザッツ・ジャパニーズ・ミュージカル
	7月～ 8月	星の王子さま
	9月～10月	きみはいい人、チャーリー・ブラウン
	11月	芸・話・人
	12月	シラノ・ザ・ミュージカル
2001年	1月	シラノ・ザ・ミュージカル
	2月～ 3月	きみはいい人、チャーリー・ブラウン
	4月14日	老妓抄
	5月	ART
	7月	平成市村座
	9月～11月	ハムレット
	11月	桜の園
	12月	クリスマス・キャロル
2002年	3月～ 4月	You Are The Top～今宵の君
	3月25、26日	Thank you!Broadway!

	5月～ 6月	ストーンズ・イン・ヒズ・ポケッツ
	7月～ 9月	海の上のピアニスト
	9月11日	Thank you! Broadway!
	10月～12月	モーツァルト！
2003年	2月～ 5月	ペリクリーズ（ロンドン公演＝3月24日～4月5日）
	6月～ 8月	海の上のピアニスト
	9月～10月	オモチャ箱
	12月	リチャード三世
2004年	1月～ 2月	リチャード三世
	4月～ 5月	屋根の上のヴァイオリン弾き
	6月	新市村座
	8月～11月	ミス・サイゴン
	12月	クリスマス・キャロル
2005年	2月～ 4月	デモクラシー
	6月～ 8月	モーツァルト！
	9月	ペール・ギュントの旅
	10月～11月	モーツァルト！
2006年	1月～ 2月	屋根の上のヴァイオリン弾き
	3月～ 5月	ライフ・イン・ザ・シアター
	7月～ 8月	ダンス・オブ・ヴァンパイア
	10月～11月	ペテン師と詐欺師
2007年	1月～ 2月	スウィーニー・トッド
	6月～ 7月	氷屋来たる
	8月～10月	ヴェニスの商人（ストレート1）
	11月～12月	モーツァルト！
2008年	1月～ 3月	ペテン師と詐欺師
	7月～ 8月	ミス・サイゴン
	9月～10月	キーン
	12月	ラ・カージュ・オ・フォール
2009年	1月	ラ・カージュ・オ・フォール
	2月～ 3月	ミス・サイゴン
	6月～ 7月	炎の人
	10月	屋根の上のヴァイオリン弾き
	12月	ANJIN イングリッシュサムライ
2010年	1月	ANJIN イングリッシュサムライ
	3月	それぞれのコンサート
	6月	キャンディード
	8月～ 9月	ロックンロール
	11月～12月	モーツァルト！
2011年	1月	モーツァルト！
	5月～ 7月	スウィーニー・トッド
	11月	炎の人
2012年	1月～ 2月	ラ・カージュ・オ・フォール

市村正親　舞台出演リスト

	4月	エンロン
	7月～ 9月	ミス・サイゴン
	12月	家康と按針（ロンドン公演＝2013年1月31日～2月9日）
	12月	ミス・サイゴン
2013年	1月	ミス・サイゴン
	3月～ 4月	屋根の上のヴァイオリン弾き
	5月～ 6月	スウィーニー・トッド
	9月～10月	それからのブンとフン
	12月	スクルージ
2014年	3月～ 4月	ラブ・ネバー・ダイ
	7月～10月	ミス・サイゴン
	11月～12月	モーツァルト！
2015年	2月～ 3月	ラ・カージュ・オ・フォール
	4月～ 5月	ART
	9月～10月	NINAGAWA・マクベス
	10月～12月	プリンス・オブ・ブロードウェイ（声のみ）
	12月	スクルージ
2016年	4月～ 5月	スウィーニー・トッド
	8月～ 9月	市村座2016
	10月～12月	ミス・サイゴン
2017年	1月	ミス・サイゴン
	4月～ 5月	紳士のための愛と殺人の手引き
	6月～11月	NINAGAWA・マクベス（香港公演＝6月23日～25日、ロンドン公演＝10月5日～8日、プリマス公演＝10月13日～14日、シンガポール公演＝11月23日～25日、ニューヨーク公演＝2018年7月21日～25日）
	12月	屋根の上のヴァイオリン弾き
2018年	1月～ 2月	屋根の上のヴァイオリン弾き
	3月～ 4月	ラ・カージュ・オ・フォール
	5月	市村座2018
	5月～ 8月	モーツァルト！
	10月	生きる
2019年	1月～ 2月	ラブ・ネバー・ダイ
	6月～ 7月	ドライビング・ミス・デイジー
	12月	スクルージ
2020年	5月～ 9月	ミス・サイゴン
	10月～11月	生きる

構成　田中里津子
協力　株式会社ホリプロ
撮影協力　日生劇場
カバー・表紙・扉写真　筒口直弘（新潮社写真部）
装幀　新潮社装幀室

小学校３年生の市村正親（写真提供／著者）

本書は書き下ろしです。

役者《やくしゃ》ほど素敵《すてき》な商売《しょうばい》はない

著者　市村正親《いちむらまさちか》

発行　2020年1月25日

発行者　佐藤隆信

発行所　株式会社新潮社

〒162-8711 東京都新宿区矢来町71

電話　編集部　03-3266-5550

　　　読者係　03-3266-5111

https://www.shinchosha.co.jp

印刷所　株式会社光邦

製本所　加藤製本株式会社

乱丁・落丁本は、ご面倒ですが小社読者係宛お送り下さい。
送料小社負担にてお取替えいたします。
価格はカバーに表示してあります。

ISBN978-4-10-353121-0 C0095